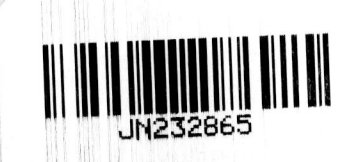

ラクラク かんたん

ペープサート

阿部恵 著

チャイルド本社

CONTENTS

おもしろい！　とっておきの

おはなしペープサート

かんたん　すぐできる

ペープサートを作ろう！

かんたん！楽しい！ペープサート

1 見て楽しい、手にしてうれしいペープサート

「かして！　かして！」。ペープサートを目にした子どもたちは、みずから手にして遊んでみたくなります。「どうやってやるの?」。こんどは動かしかたを聞いてきます。「見て！　見て！」。自分で操作できると、うれしさを全身で表現します。

ペープサートの特色は、なんといっても手軽なところ。だれでも遊べます。紙にかいた絵に割りばしの持ち手をつけただけの素朴な絵人形は、どの種類を手にしても見ただけで分ります。幼児も作ることができます。また、くるりと反転させると表裏の変化が楽しめます。平面的な絵人形をちょっと動かしただけで、歩いたり、話したり、向きが変わったり。巻き込んである作品は、ただ一つずつ開いていくだけなのにワクワク。うちわを使った作品や段ボールの特性を活かした作品は、大きくて見やすく、形状も安定しているので愛着がもてます。どれも特別な材料ではなく、身近なものを利用した作品ばかり。

子どもたちだけでなく、おとなも手にしてうれしくなるのは、難しくない素朴な技法で見る人を楽しませてくれるから。ペープサートにはこのようなあたたかさや優しさがあるのです。

ってこんなにおもしろい!

2 あそびの輪がどんどん広がります

手にして楽しさやうれしさが実感できると、今度はそれを身近な友達や保育者に言葉で伝えたくなります。保育の中ではここのところがとても大切です。「おもしろいね。そのやりかた○○ちゃんが考えたの?」「すごい!」「ねぇ、みんな。○○ちゃんのアイデアおもしろいよ。見せてもらおうよ」。保育者のこんなひと言で周りの子どもたちは大いに刺激されます。中には、家庭で作って持ってくる子どもたちも。あそびの輪がどんどん広がります。

3 ペープサートをまるごと楽しみましょう

まず、保育者がさまざまなペープサートを作ってみてください。完成するとうれしいですよ。子どもたちが喜んでくれると、天にも昇る気持ちになります。子どもが手にして折れたり曲がったりしても、できるだけ補修や修整を試みて使い続けてください。そこにも価値があります。子どもたちの作りたいというリクエストのために安全な形で材料を整えておいてください。これはあなたの愛情です。ペープサートをまるごと楽しみましょう。

この本の使いかた

ペープサートとは、画用紙などに絵をかき、割りばしなどにはって作った人形を動かして演じる紙人形劇のことです。この本には「かたつむり」など歌いながら演じる作品６つと、物語「大きなかぶ」「三びきのやぎのがらがらどん」の合計８作品を収録しています。それぞれのシナリオで、保育者がどのように演じたらよいのかをわかりやすく示すため、場面ごとに写真で順を追いながら展開しています。

絵人形の作りかたから舞台の設置のしかた、演じかたのポイント、また保存の方法など、ペープサートを行う流れをイラストや写真を使って細かく解説しています。

各作品に登場する絵人形や舞台の型紙を収録しています（p.57 ～）。型紙を200％に拡大するだけで、簡単に絵人形や舞台を作ることができます。

ペープサートを楽しんだあと、劇あそびやごっこあそびへ発展させる「発展とアレンジ」（p.54 ～）を紹介しています。

歌いながら演じる作品には、楽譜を掲載しています。また、絵人形の動かしかたも写真に盛り込んでいます。

絵人形の作りかたについては、型紙ページでも詳しく解説しています（p.50、57 ～）。

おてがる！ラクラク！

ペープサートで遊ぼう！

すぐにできて低年齢児も楽しめるものから、
舞台を使った本格的なものまで、楽しいうたに合わせて
絵人形を動かすペープサートを紹介します。

雨の日も楽しく遊べるペープサート

かたつむり

段ボールを使った絵人形。 大きなかたつむりのおかあさんの背中に、
かわいい5つ子のかたつむりの赤ちゃんが……。
おなじみのうたも絵人形があると楽しく歌えます。

演じかたのPOINT

かたつむりが移動している
みたいに、絵人形はゆっくり動かしましょう。

1

●右手にかたつむりを持って出しながら

保育者　みなさん、こんにちは。
かたつむりさんがお散歩しますよ。
いっしょに「かたつむり」のうたを
歌ってください。

●下手《しもて》(子どもたちから見て左側)から上手《かみて》(右側)に
向かって、歌いながらゆっくり動かす。

♪でんでん　むしむし　かたつむり

●かたつむりを反転させて、
上手から下手に向かってゆっくり動かす。

♪おまえの　あたまは　どこにある

●再度かたつむりを反転させて同様に動かす。

♪つのだせ　やりだせ　あたまだせ

2

●かたつむりを右手から左手に持ちかえて

保育者　あれあれ？　後ろから
だれかがついてきますよ

●5つ子のかたつむりを右手に持ち、
同様に動かす。

3

●歌いながら5つ子をおかあさんに近づける。

♪でんでん　むしむし　かたつむり
おまえの　めだまは　どこにある
つのだせ　やりだせ　めだまだせ

4

かたつむりの
おかあさん　まぁ、
よくがんばってこれたわね。
さぁ、おんぶして
あげるわよ。

●5つ子のかたつむりの絵人形を左手に持ちかえ、
左手にいっしょに持ち、一匹ずつ背中に乗せる。

5

保育者　さぁ、かたつむりのおかあさんと
5つ子ちゃんのお散歩です。

●5つ子を全員乗せる
（同様に、1番と2番を歌いながら、
ピアノの上などに片づける）。

かたつむりの
おかあさんと
5つ子　みなさん、さようなら。

6

●片づけ終えたら、子どもたちにあいさつをする。

保育者　さようなら。
かたつむりさん、また○○組に
お散歩に来てくださいね！

かたつむり

文部省唱歌

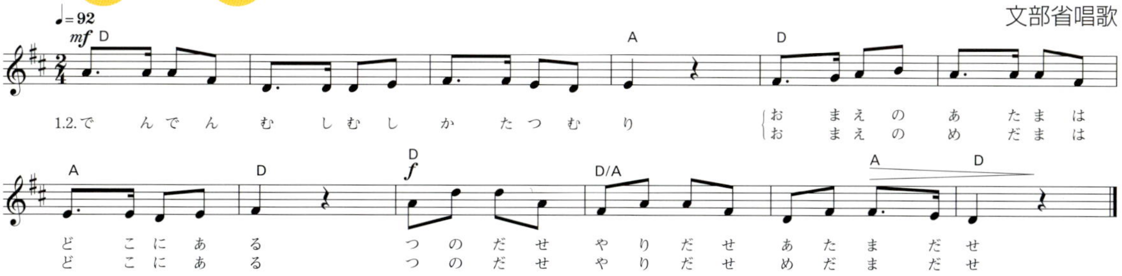

型紙・作りかたのポイントはp.58〜60に掲載しています。

想像しながら楽しく遊べる

なんになるの？

表裏の変化が楽しいクイズあそびです。
子どもたちに「なんになると思う？」と尋ねながら遊びましょう。

演じかたのPOINT

うたに合わせて「くるり！」とタイミングよく反転させましょう。子どもたちといっしょに、ほかの色や食べ物で作ると、あそびが発展します。

1

●赤を出しながら

保育者　赤い色がありますよ。
なんになるのか当ててください。
♪あかさん　あかさん
なんになるの
さあ、なんになると思いますか？

●子どもたちの反応を確かめて、
絵人形を軽く揺らしながら
♪あのね　あのね

2

●くるり！ と反転させる。
♪サクランボ

保育者　まぁ！ かわいいサクランボ。

●再び反転させて赤を出し、
さらにもう一度反転させて確かめながら

保育者　赤い色がサクランボになりました。

まぁ！
サクランボ！

3

●黄色を出しながら

保育者　今度は黄色。なんになるのかな？
♪きいろさん　きいろさん
なんになるの
なんになるのかな？

●子どもたちの反応を確かめて、
絵人形を軽く揺らしながら
♪あのね　あのね

なんになる
のかな？

4

●くるり！ と反転させる。

♪バナナ

保育者　みんなが言っていたとおりに
なりました。

●再び反転させて黄色を出し、
さらにもう一度反転させて確かめながら

ほら、ね。

歌詞にない色でも遊んでみましょう！

5

●緑を出しながら

♪みどりさん　みどりさん
なんになるの

保育者　なんでしょう？

●子どもたちの反応を確かめて、
絵人形を軽く揺らしながら

♪あのね　あのね

6

●くるり！ と反転させる。

♪キュウリ

保育者　サラダに入れるとおいしいキュウリ

●再び反転させて緑色を出し、
さらにもう一度反転させて確かめながら

保育者　キュウリになりました。

なんになるの？

作詞／阿部　恵　作曲／中郡利彦

型紙・作りかたのポイントはp.61〜65に掲載しています。

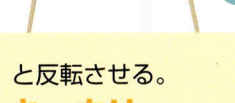

うたのストーリーがペープサートに

あめふりくまのこ

子どもたちの大好きなうた「あめふりくまのこ」を
ペープサートにして楽しく歌いましょう。
段ボールの簡易舞台があると、情景も語りながら演じることができます。

演じかたのPOINT

うたに合わせてゆっくり動かします。曲のイメージを大切にしながら演じてください。

1

●台の上に簡易舞台をのせて、山の情景を上手《かみて》(子どもたちから見て右側)に立てる。

保育者　あるところに、
お山がありましたよ。

●子どもの反応を受けて

そうだね、雨が降っているね。

♪おやまに　あめが
ふりました

2

♪あとから　あとから
ふってきて

●小川を前に立てながら。

♪ちょろ　ちょろ
おがわができました

3

●くまの子を下手《しもて》（子どもたちから見て左側）から出す。

♪いたずら　くまのこ
かけてきて

4

●小川をのぞくようにくまの子を傾ける。

♪そうっと　のぞいて
みてました
さかながいるかと

●同様にもう一度傾ける。

♪みてました

5

♪なんにも　いないと
くまのこは

●くまの子を反転させ、
水をすくっているほうを出す。

♪おみずを　ひとくち
のみました
おててで　すくって
のみました

6

●再度反転させてくまの子を出す。

♪それでもどこかに
いるようで

●小川をのぞくようにくまの子を傾ける。

♪もいちど　のぞいて
みてました
さかなを　まちまち

●同様にもう一度傾ける

♪みてました

♪さかなを　まちまち
みてました

7

●くまの子の絵人形を、
空を見上げるくまの子の絵人形と
入れ替える。

♪なかなか　やまない
あめでした

8

●空を見あげるくまの子を反転させて、
葉っぱをのせたくまの子を出す。

♪かさでも
かぶって　いましょうと
あたまに　はっぱを
のせました

くるり
♪あたまに　はっぱを
のせました

9

●葉っぱをのせたくまの子を下手に退場させる。

保育者　くまさんは帰っていきました。
しばらくすると……

●山を反転させる。

10

保育者　雨がやんで
お山にはにじがでましたよ。
くまさんも見てるかな？

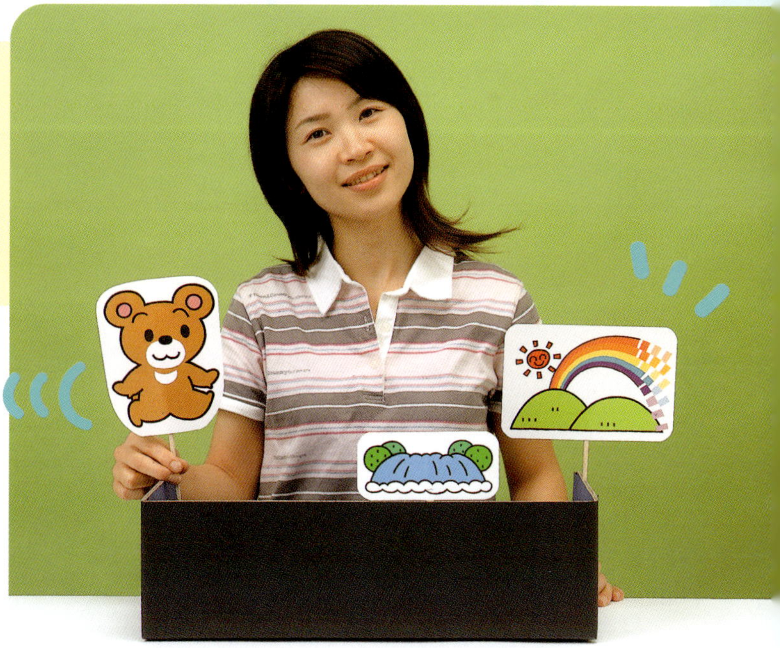

あめふりくまのこ

作詞／鶴見正夫　作曲／湯山　昭

型紙・作りかたのポイントはp.66〜67に掲載しています。

うちわを使った大きな絵人形が見やすい

いない いない ばあ

うちわを使ったペープサートは、
大きくて表裏の変化を強調しやすいのが特長です。
誕生会や新入園児の1日入園などでも大活躍します。

演じかたのPOINT

●子どもたちとのかけ合いで、期待感を高めながら遊びましょう。
●左右に揺らしすぎないようにしましょう。

1

保育者　これからいろいろな動物さんが、
いないいないをしながら出てきますよ。
だれがいないいないをしているのか
当ててくださいね。

●うさぎの表面（いないいないをしている絵）を出す。
「いない　いない　ばあ」を歌いながら

♪いない　いない　ばあ
だれでしょね
いない　いない　ばあ
だれでしょね

♪いない いない ばあ
だれでしょね

2

♪かおを　かくした
おともだち

●うさぎの表面を出しながら

保育者　さぁ、このお友達は
一体だれでしょう？

だれでしょう？

3

●子どもたちの反応を受けて

保育者　みんなの声は、うさぎさん。
どうかな……？

●うさぎの人形をくるりと裏返す。

♪あたり　あたり
おおあたり
にんじん　だいすき
うさぎさん

保育者　大当たりでした。
楽しいですね。

4

●以下同様に子どもたちとのかけ合いを
楽しみながら演じる。
きつねの表面を出しながら

保育者　こんどは黄色の動物さん

♪いない　いない　ばあ
だれでしょね
いない　いない　ばあ
だれでしょね
かおを　かくした
おともだち

5

保育者　さあ、こんどはだれでしょう？

●子どもたちの反応を受けて、くるりと裏返す。

♪あたり　あたり
おおあたり
おあげが　だいすき
きつねさん

6

●りすの表面を出しながら

保育者　こんどはしっぽのかわいい動物さん

♪いない　いない　ばあ
だれでしょね
いない　いない　ばあ
だれでしょね
かおを　かくした
おともだち

保育者　さぁ、だあれ？

●子どもたちの反応を受けて、くるりと裏返す。

♪あたり　あたり　おおあたり
どんぐり　だいすき
こりすさん

7

●くまの表面を出しながら

保育者　こんどはお耳の丸い動物さん

♪いない　いない　ばあ
だれでしょね
いない　いない　ばあ
だれでしょね
かおを　かくした
おともだち

保育者　さぁ、だあれ？

●子どもたちの反応を受けて、
くるりと裏返す。

♪あたり　あたり
おおあたり
はちみつ　だいすき
こぐまさん

8

●パンダの表面を出しながら

保育者　これが最後です。だれでしょう？

♪いない　いない　ばあ
だれでしょね
いない　いない　ばあ
だれでしょね
かおを　かくした
おともだち

9

保育者　さぁ、だれだと思いますか？

●子どもたちの反応を受けて、くるりと裏返す。

♪あたり　あたり
おおあたり
ささのは　だいすき
パンダさん

保育者　たくさん、当たりました。
いない いない ばあ、
楽しかったね。

いないいないばあ

作詞／阿部　恵　作曲／家入　脩

型紙・作りかたのポイントはp.68〜72に掲載しています。

おいしいおいしい、当てっこあそび

おでん でんでん

大好きなおでんの具が、次々と登場します。
子どもたちとかけ合いで楽しく遊びましょう。

演じかたのPOINT

●絵人形は出す順番で、おでんなべの裏にそろえておきましょう。

●一度にすべての具を使って演じるのではなく、5～6品で入れ替えながら遊んでみましょう。

1

●おでんなべに、おでんを出す順にセットしておく。

保育者　みなさん、見てください。
先生、おでんやさんです!
おでんは、みんなも
大好きでしょう?

●子どもたちの反応を受けて

保育者　そう、おいしいよね。
きょうは、みんなの
大好きなおでんを、
クイズで出しますから、
当ててください。
う～ん、いいにおい。
まず、最初は……これから!

2

♪おでんでんでん
おでんです
おいしい　においが
ぷんぷん

3

●たまごの裏面（たまごのかかれていない面）を出しながら

**♪でんでん　これは
なんでしょう**

子ども　たまご！

子ども　たまご！

●子どもたちの反応を受けて

保育者　たまごでいいですか？

4

♪でんでん　あたり

●表面（たまごがかかれている面）を出しながら

♪たまごです

保育者　大当たり！
みんなの大好きな
たまごでした。

5

保育者　よいしょ。こうやって立てて！

●たまごの絵人形をなべに立てながら、

保育者　さあ、この調子で
当ててください。
次々と、おいしいものが、
出てきますよ。

6

保育者　2つ目は、これです。

♪おでんでんでん
おでんです
おいしい　においが
ぷんぷん

●こんにゃくの裏面を出しながら

♪でんでん　これは
なんでしょう

子ども　こんにゃく！

子ども　はんぺん！

7

●子どもたちの反応を受けて

保育者　どっちにしますか？
こんにゃくだと思う人？
はんぺんだと思う人？

こんにゃくだと思う人のほうが
多いみたいですね。

♪でんでん　あたり

●こんにゃくの表面を出しながら

♪こんにゃくです

●はずれの場合は

♪でんでん　はずれ
こんにゃくです

8

●同様にウインナの裏面を出して
歌いながら

♪でんでん　これは
なんでしょう

●子どもたちの反応を受けて

♪でんでん　あたり
ウインナ

●同様にして

♪でんでん　あたり
ロールキャベツ

9

●ほかの具でも同様に、歌いながら遊びます。

♪でんでん　これは
なんでしょう

●子どもたちの反応を受けて

♪でんでん　あたり
タコです

♪あなのあいた
ちくわです

10

保育者　最後はこれです。
おもちが入っておいしいですよ。
先生も大好き!

♪おでんでんでん
おでんです
おいしい　においが
ぷんぷん

●きんちゃくの絵人形の裏面を出しながら

♪でんでん　これは
なんでしょう

●答えが出ないようなら、
もっとヒントを出してみましょう。

保育者　あぶらあげに何かが
入っていて、上のほうを
キュッと結んであります。

11

子ども　きんちゃく!

保育者　さあ、どうかな

●きんちゃくの絵人形の表面を出しながら

♪でんでん　あたり
きんちゃくです

保育者　ヒントですぐにわかりましたね。

●子どもたちと会話を楽しみながら
絵人形を立てる。

12

保育者　きょうは、みんなの好きなおでんがたくさん出ました。

●皿を子どもたちに見せながら

保育者　さあ、このお皿にのせますから、食べてください。

●おでんをお皿にのせる。

保育者　まだまだ、たくさんのおでんがありますから、また遊びましょう。

おでんでんでん

作詞／阿部　恵　作曲／よしざわたかゆき

型紙・作りかたのポイントはp.73〜76に掲載しています。

ヒントをたよりに、考えよう!

こんちゃん・ぽんちゃん しりとりクイズ

楽しいしりとりのクイズあそびです。さあ何が出てくるかな?
子どもたちはくるくると絵が出てくるペープサートに大喜び。

演じかたのPOINT

- 子どもたちに合わせたクイズのヒントを用意して楽しく遊びましょう。
- リズムを取ろうとして、絵人形を横に揺らしすぎると見えにくくなります。軽く動かしてください。

1

こんちゃんバージョン

●こんちゃんの絵人形を出して、表裏転画させながら

こんちゃん　みなさん、こんにちは。
こん、こん、こん、
ぼくは、きつねのこんちゃん。
きょうは、ぼくとしりとりクイズをして遊んでくれる?

●子どものたちの「いいよ」という反応を受けて

こんちゃん　よかった……。
みんなが「いいよ!」って言ってくれて。
それでは準備をするね。

ぼくは
きつねの
こんちゃん。

ぼくと遊んで
くれる?

2

●セットしてあるきつねの絵人形と持ち替えて

こんちゃん　頭におあげをのせて、
準備ができました。
ぼく、化けるの得意!
さあ、こんちゃんの
しりとりクイズの始まり始まり……。

♪こん　こん　こん
こんちゃんのしりとり
クイズだよ
きつね　ねねね
ながい「ね」なあに

保育者　「おとうさんが会社に行くとき、首のしたに下げていくよ」

きつね
♪こん こん こん

首から
下げて行くよ
きつね

3

●巻いてある絵人形の一つ目を広げながら

♪ドロ～ン　パッ！
ねくたい

こんちゃん　そうです、ねくたい。
きつね、ねくたい

●文字を確認しながら

こんちゃん　その調子。今度は、
ねくたいの「い」です。

4

●同様に、歌いながらヒントを出して、
しりとりをしていく。

♪こん　こん　こん
こんちゃんの
しりとりクイズだよ
ねくたい　いいい
かたい「い」なあに

5

保育者　「川に大きいのや小さいのが
たくさんあるよ」

●巻いてある絵人形を一つ広げながら

♪ドロ～ン　パッ！　いし

♪こん　こん　こん
こんちゃんの
しりとりクイズだよ
いし　ししし
じゅうにじにかえる「し」
だあれ

6

保育者 「お城にガラスのくつを片方置き忘れてしまいました」

●巻いてある絵人形を一つ広げながら

♪ドロ～ン　パッ！
しんでれら

7

●同様に、歌いながらヒントを出す。

♪こん　こん　こん
こんちゃんのしりとり
クイズだよ
しんでれら　ららら
プーっとふく「ら」なあに

保育者 「楽器ですよ」

●巻いてある絵人形を一つ広げる

♪ドロ～ン　パッ！
らっぱ

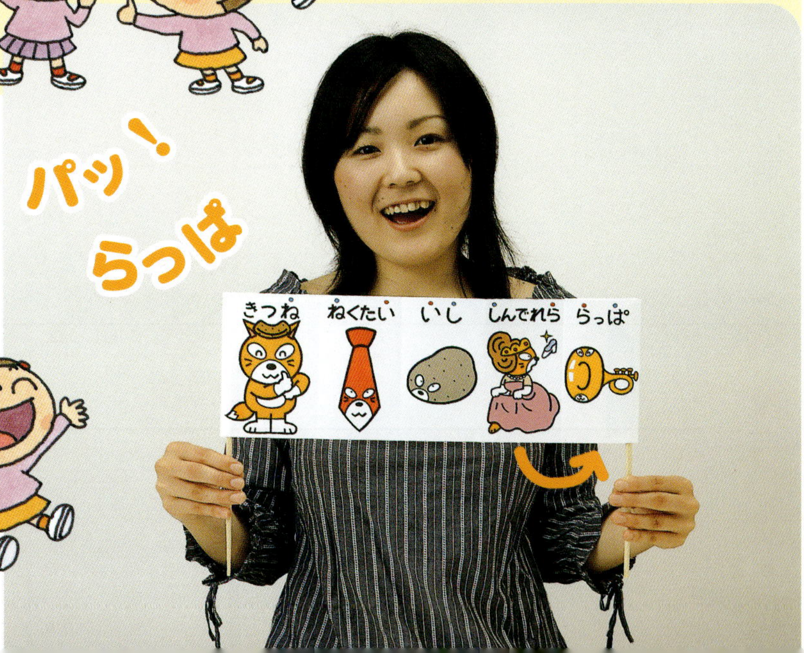

8

♪こん　こん　こん
こんちゃんの
しりとりクイズだよ
らっぱ　ぱぱぱ
みんながはいてる「ぱ」
なあに

保育者「先生もはいてます」

9

●巻いてある絵人形を一つ広げながら

♪ドロ～ン　パッ！
ぱんつ

10

♪こん　こん　こん
こんちゃんの
しりとりクイズだよ
ぱんつ　つつつ
よるでる「つ」
なあに

保育者「夜、お空を見上げてください」

11

●巻いてある絵人形を一つ広げながら

♪ドロ〜ン　パッ！
つき

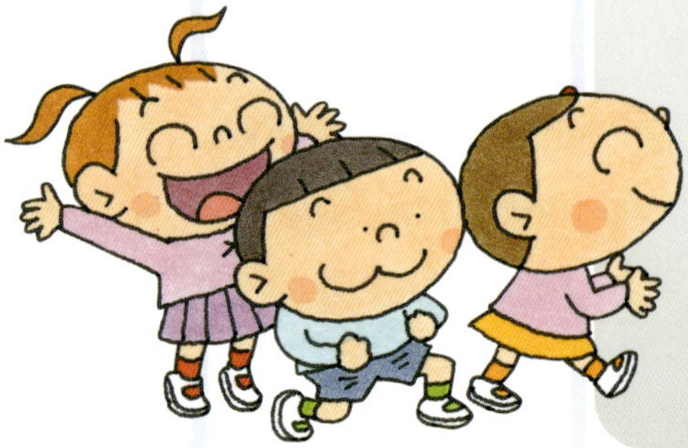

12

♪こん　こん　こん
こんちゃんの
しりとりクイズだよ
つき　ききき
およぐ「き」
なあに

保育者　「水槽の中で気持ちよさそうに
泳いでいます」

13

●巻いてある絵人形を一つ広げながら

♪ドロ〜ン　パッ！
きんぎょ

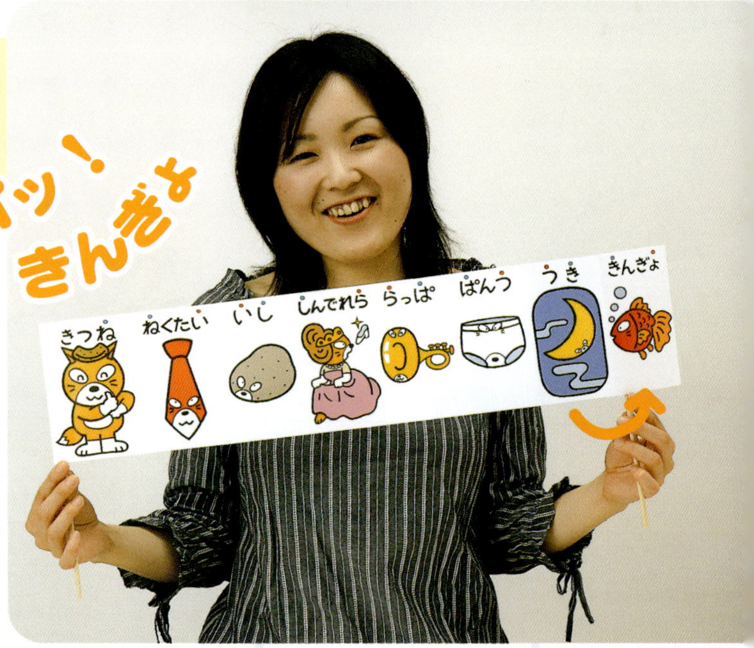

14

♪こん こん こん
こんちゃんの
しりとりクイズだよ
きんぎょ よよよ
あまい「よ」 なあに

保育者 「おやつで食べます」

15

●巻いてある絵人形を一つ広げながら

♪ドロ〜ン パッ！
ようかん

こんちゃん 「ん」がついたので、
しりとりはこれでおしまい。
きつね、ねくたい、いし、
しんでれら、らっぱ、ぱんつ、
つき、きんぎょ、ようかん。
よく続きましたね。
しりとりって楽しいね。

16

●くるくると人形を巻きながら

♪ドロ〜〜ン

●最初のように持って

♪パッ！

こんちゃん また遊びましょう。

1

ぽんちゃんバージョン

●ぽんちゃんの絵人形を出して、表裏転画させながら

ぽんちゃん みなさん、こんにちは。
ぽん、ぽん、ぽん、ぼくは、
たぬきのぽんちゃん。
今度は、ぼくとしりとりクイズを
して遊んでくれる?

●子どもたちの「いいよ」という反応を受けて

ぽんちゃん よかった……。
みんなが「いいよ!」って言ってくれて。
それでは準備をするね。

●セットしてあるタヌキの絵人形と持ち替えて

ぽんちゃん 頭に葉っぱをのせて、準備ができました。
ぼく、化けるの得意! さあ、ぽんちゃんの
しりとりクイズの始まり始まり……。

♪ぽん ぽん ぽん
ぽんちゃんのしりとりクイズだよ
たぬき ききき
きってつかう「き」 なあに

保育者 「手紙にはってだすよ」

●巻いてある絵人形の一つ目を広げながら

♪ドロ〜ン パッ! きって

ぽんちゃん そうです、きって。たぬき、きって

1

きってつかう「き」なあに

手紙にはります。

2

てにする「て」なあに

これがあれば
雪の日も
へいきだよ。

3

うちゅうにとぶ「ろ」なあに

5、4、3、2、1、ビューン！

5

おいしい「ぼ」なあに

おはぎともいいますよ。

7

ひろい「う」なあに

泳ぎに行きたいね。

4

スイーととぶ「と」なあに

しおから○○○、あか○○○、オニヤンマ。

6

丸い「ち」なあに

世界中の人がみんなこの星に住んでいます。

8

食べる「み」なあに

小さな袋がたくさん詰まっているよ。

2

♪たべる「み」　なあに

保育者「小さな袋がたくさん
詰まっているよ」

♪ドロ～ン　パッ！
みかん

ぽんちゃん「ん」がついたので、
しりとりはこれでおしまい。
たぬき、きって、てぶくろ、ろけっと、
とんぼ、ぼたもち、ちきゅう、
うみ、みかん。
よく続いたね。
しりとりって楽しいね。

●くるくると人形を巻きながら

♪ドロ～～ン

●最初のように持って

♪パッ！

ぽんちゃん また遊びましょう！

たぬき
きって
てぶくろ
ろけっと
とんぼ
ぼたもち
ちきゅう
うみ
みかん

また
遊びましょう!

たぬき

しりとりクイズ

作詞／阿部　恵　作曲／中郡利彦

たのしく
コンコンコン　こんちゃんの　しりとり　クイズだよ　きつね　ねねね　ながい「ね」
ポンポンポン　ぽんちゃんの　しりとり　クイズだよ　たぬき　ききき　きってつかう「き」
な　あ　に　「おとうさんが　会社に行くとき　首のしたに下げていくよ」ドローンパッ！　ね　く　たい
な　あ　に　「手紙にはって出すよ」　ドローンパッ！　きっ（ッ）　て

型紙・作りかたのポイントはp.77～79に掲載しています。

おもしろい！とっておきの
おはなしペープサート

登場人物のキャラクターや喜怒哀楽によって
感情表現が必要な物語のペープサートです。
絵人形だけでなく舞台にも工夫をこらしてみましょう。

♪うんとこ　どっこいしょ!

大きなかぶ

段ボール舞台と8体の絵人形で、本式のペープサートがかんたんに楽しめます。

演じかたのPOINT

かぶを引っぱる場面では、段ボール舞台を少しずつタイミングよく動かして臨場感を表現します。人数が増えるごとに徐々に動きを大きくしていくと、より引っぱる感じが出ます。応援を呼ぶときは、子どもたちにも参加してもらいましょう。

1

●上手《かみて》（子どもたちから見て右側）に
絵人形の大きなかぶ1を立てておく。

●おじいさんの人形（表面）、
下手《しもて》（子どもたちから見て左側）から登場。

おじいさん　きょうは、
いいお天気だこと……。
畑を見回りしてみましょう。

●下手から上手に向かってゆっくり歩く。
急に何かを見つけたように

おじいさん　おや、いつのまにか
あんなところに
大きな木が……。

●大きなかぶ1に近づけて、
ポーンと後ずさりさせながら

おじいさん　おーや、びっくり!
これは木じゃなくて
大きなかぶだ。

●大きなかぶ1に再び近づいて、
大きさを確かめるようにしながら

おじいさん　しかも、おいしそう!
よし、このかぶを
持って帰って、
おばあさんを
びっくりさせましょう。

おばあさんを
びっくり
させましょう。
下手《しもて》
上手《かみて》

2

●おじいさんを大きなかぶ1につけて立てる。

おじいさん　よし、力を出して
引っぱろう！

●引っぱるかけ声に合わせて、
段ボール舞台を少しずつ左右に動かす。
ただし、お話が進んで
引っぱる人数が増えるにつれ、
徐々に大きな動きをするため、
動かしすぎに注意する。

おじいさん　うんとこしょ
どっこいしょ！
うんとこしょ
どっこいしょ！

●おじいさんはひとりで引っぱるのを
あきらめた声で

おじいさん　だめだ……。
おばあさんを呼ぼう。

3

●おじいさんの人形を裏にする。
子どもたちを誘って、
いっしょにおばあさんを呼ぶ。

おじいさん　おばあさーん、
手伝っておくれー。

●下手からおばあさん人形（表面）、登場。

おばあさん　はい、はい。
まあ、大きなかぶ！
手伝いますよ。

4

●おじいさんの人形を表に返して
大きなかぶ1につけて立てる。
おばあさんはおじいさんの背中に
つけて立てる。

おじいさん　さあ、力を合わせて、
おばあさん引っぱるよ！　せーの！

●引っぱるかけ声に合わせて、
段ボール舞台を少しずつ左右に動かす。

ふたり　うんとこしょ　どっこいしょ！
うんとこしょ　どっこいしょ！
だめだ、ふたりでも
びくともしない。
まごのももちゃんを
呼ぶことにしよう。

せーの！

ももちゃーん！

5

●おじいさんとおばあさんの人形を裏にする。
子どもたちといっしょにももちゃんを呼ぶ。

ふたり　ももちゃーん、手伝っておくれ！

●下手からももちゃん登場。

ももちゃん　はーい。まあ、大きなかぶ。
お手伝いするわ。

●人形をすべて表に返し、大きなかぶ、おじいさん、
おばあさん、ももちゃんの人形がつながるように立てる。

おじいさん　さあ、力をあわせて、
おばあさん、ももちゃん、
引っぱるよ！　せーの！

●引っぱるかけ声に合わせて、
段ボール舞台を前回より大きく左右に動かす。

3人　うんとこしょ　どっこいしょ！
うんとこしょ　どっこいしょ！

おじいさん　だめだ、3人でもびくともしない。
イヌのゴローを呼びましょう。

うんとこしょ
どっこいしょ！

6

●子どもたちといっしょにゴローを呼ぶ。

3人　ゴロー!

●下手からゴロー登場。

ゴロー　うわー、大きなかぶ。
お手伝いしますよ。

●ももちゃんの後ろにゴローを立てる。

おじいさん　さあ、力を合わせて、
おばあさん、ももちゃん、
ゴロー、引っぱるよ!　せーの!

●引っぱるかけ声に合わせて、
段ボール舞台を前回より大きく左右に動かす。

3人と1ぴき　うんとこしょ　どっこいしょ!
うんとこしょ　どっこいしょ!
だめだ、3人と1ぴきでも
びくともしない。
ネコのミィを呼びましょう。

7

●子どもたちといっしょにミィを呼ぶ。

3人と1ぴき　ミィー!

●下手からミィ登場。

ミィ　うわー、大きなかぶ。
お手伝いします。

●ゴローの後ろにミィを立てる。

おじいさん　さあ、力を合わせて、
おばあさん、ももちゃん、
ゴロー、ミィ、引っぱるよ!　せーの!

●引っぱるかけ声に合わせて、
段ボール舞台を前回より大きく左右に動かす。

3人と2ひき　うんとこしょ　どっこいしょ!
うんとこしょ　どっこいしょ!

おじいさん　やっぱりだめだ。
3人と2ひきでもびくともしない。
もううちには、ネズミの
チューしかいないぞ。

8

●子どもたちといっしょにチューを呼ぶ。

3人と2ひき　チュー!

●下手からチュー登場。

チュー　うわー、大きなかぶ。
手伝います、手伝います。

●ミィの後ろにチューを立てる。

おじいさん　さあ、みんな力を合わせて、
おばあさん、ももちゃん、
ゴロー、ミィー、チュー、
引っぱるよ!

●引っぱるかけ声に合わせて、
段ボール舞台を前回よりさらに大きく
左右に動かす。

3人と3びき　うんとこしょ　どっこいしょ!
うんとこしょ　どっこいしょ!
もう少し!
うんとこしょ　どっこいしょ!
うんとこしょ　どっこいしょ!
抜けそう!
うんとこしょ　どっこいしょ!

9

●大きなかぶ1をはずして、
おじいさん、おばあさん、ももちゃんを
裏返しながら

おじいさん　抜けたぞ、抜けた!

おばあさん　抜けましたね、
おじいさん!

ももちゃん　まあ、大きなかぶ

10

●大きなかぶ2を出しながら

保育者　抜けました、
抜けました。
こんなに大きなかぶが
抜けました。

●紙吹雪をまきながら

保育者　ワーイ！　ワーイ！
抜けた！　抜けた！
と大喜び。
おうちに運んで、
みんなでおいしく
いただいたんだって。

11

●大きなかぶ2を裏返して

保育者　おしまい

型紙・作りかたのポイントはp.80～83に掲載しています。

やぎとトロルのかけ引きがおもしろい

三びきのやぎのがらがらどん

谷の深さや回転する舞台で臨場感たっぷりの本格的なペープサートを楽しみましょう。

演じかたのPOINT

- 絵人形は、舞台の中に登場する順番や位置にそろえて準備しておきます。
- 登場人物の声の変化を意識してみましょう。
- 絵人形を大きく動かしすぎないことです。会話のときは、話すほうだけ動かします。

1

保育者　むかし、あるところに
三びきのやぎが住んでいました。
ある日、三びきは向こうの
山へおいしい草を
食べに行くことにしました。

●舞台の表側を出しながら、

保育者　でも、向こうの山に行くには、
深い谷にかかっている
この丸木橋を
渡らなくてはいけません。
それから、橋の下には
怖いトロルという怪物が
住んでいました。
三びきは相談して、
いちばん小さなやぎが
先に行くことにしました。

●小さなやぎを下手《しもて》（子どもたちから見て左側）に出す。

小さなやぎ　わあー、細い橋だな。
気をつけて渡ろう。
ヨイショ
ヨイショ……

保育者　小さなやぎが橋の
真ん中まで来たときです。

●小さなやぎを上手《かみて》の方（子どもたちから見て右側）に動かしながら

ヨイショ
ヨイショ

2

●トロルを上手から登場させる

トロルの登場音　ドドドドドドーン!

トロル　こら待て!
だれだ、おれさまの
橋を渡るやつは!

保育者　怖いトロルが現れました。

小さなやぎ　わあ、びっくり!
ぼくは小さなやぎです。

トロル　おれさまの橋を
渡るやつは食べてやる!

小さなやぎ　待って。
ぼくのすぐ後ろから、
ぼくよりもっと
大きいやぎが来るから、
そっちを食べて。

トロル　なんだと、
もっと大きいやぎが来るって。
よし、おまえは渡っていい。

●トロルを沈めて退場させ、
小さなやぎを上手まで移動させて裏返す。

3

保育者　小さなやぎは無事に
渡ることができました。

小さなやぎ　ああ、よかった!

●小さなやぎを反転し、退場させる。

4

保育者　続いてやってきたのは
中くらいのやぎ。

●中くらいのやぎを下手に出す

中くらいのやぎ　弟はうまく渡れたようだぞ。
ヨイショ　ヨイショ……

●中ぐらいのやぎを上手のほうに動かしながら

保育者　中くらいのやぎが
橋の真ん中まで来たときです。

●トロルを再び出しながら

トロルの登場音　ドドドドドドーン！

トロル　こら待て！
だれだ、おれさまの
橋を渡るやつは！

保育者　怖いトロルが現れました。

中くらいのやぎ　わあ、びっくり！
ぼくは中くらいのやぎです。

トロル　おれさまの橋を
渡るやつは食べてやる！

中くらいのやぎ　待って。
ぼくのすぐ後ろから、
ぼくよりもっともっと
大きいやぎが来るから、
そっちを食べて。

トロル　なんだと、もっともっと
大きいやぎがくるって。
よし、おまえは渡っていい。

●トロルを沈めて退場させる。

ヨイショ
ヨイショ

よし、
渡っていい。

5

保育者　中くらいのやぎは無事に渡ることができました。

●中ぐらいのやぎを上手まで移動させて裏返す。

中くらいのやぎ　ああ、よかった！

●中くらいのやぎを反転し、退場させる。

くるり
ああ、
よかった！

6

保育者　最後にやってきたのは、大きなやぎ。

●大きなやぎを下手に出す。

大きなやぎ　弟たちは
うまく渡ることが
できたようだぞ。
よし！
ヨイショ　ヨイショ……
ヨイショ　ヨイショ……

●大きなやぎを上手のほうに動かしながら

保育者　大きなやぎが橋の真ん中まで来たときです。

ヨイショ
ヨイショ

7

●トロルを再び出しながら

トロルの登場音　ドドドドドドーン!

トロル　こら待て!
だれだ、おれさまの
橋を渡るやつは!

保育者　怖いトロルが現れました。

大きなやぎ　おれさまは、
大きなやぎだい!

トロル　おまえだな、
さっきのやぎが
言っていたのは。
さぁ食ってしまうぞ。

大きなやぎ　なんだと、このおれこそ、
おまえみたいな悪いやつは
退治してやる、覚悟しろ!

トロル　よし、かかってこい!

8

●大きなやぎとトロルを戦わせる。

大きなやぎ　いくぞ!　えい!

トロル　やー!

大きなやぎ　とー!

トロル　それー!

大きなやぎ　今だ、えーい!

9

トロル　**うわぁー**

●大きなやぎの角を刺すように
トロルの胸に当て、
トロルを反転させて谷に落とし、
退場させる。

保育者　**トロルは谷底へ
落ちて行きました。**

くるり
うわぁ〜〜

10

保育者　**大きなやぎは、
悪いトロルを
やっつけました。**

●大きなやぎを上手まで移動させて裏返す。

大きなやぎ　**ああ、よかった。
これでだれでも橋を
渡ることができるぞ。**

●大きなやぎを反転し、退場させて、
舞台をゆっくり回転させる。

だれでも
渡ることが
できるぞ。
くるり

11

●小さなやぎ、中くらいのやぎ、
大きなやぎのそれぞれ裏を出して立てながら、

小さなやぎ　わあ、おいしそうな草。

中くらいのやぎ　ほんとだ、柔らかそう!

大きなやぎ　さあ、食べよう。

12

保育者　三びきは
たくさん食べたので、

●三びきを外して、太ったやぎを出す。

保育者　こんなに
太ったんだって。

●太ったやぎを裏返す。

保育者　おしまい

型紙・作りかたのポイントはp.84～87に掲載しています。

かんたん すぐできる

ペープサートを作ろう!

絵をかいた紙を割りばしなどにはるだけで、かんたんに作れるペープサート。
動かし方のコツをつかめば、絵人形に豊かな感情を吹き込むことができます。
ぜひ、チャレンジしてみましょう!

絵人形・舞台の作りかた

p. 50 ~

遊ぼう 遊ぼう もひとつ 遊ぼう!!

p. 54 ~

演じかたの基本とポイント

p. 52 ~

型紙

p. 57 ~

絵人形の作りかた

※ここでは基本的な絵人形の作りかたを紹介します。
※片面のみや段ボールを利用した絵人形の作りかたは、型紙ページをご覧ください。

用意するもの

- 薄手の画用紙
- 割りばし
- 水彩絵具または全芯ソフト色鉛筆、マーカーなど
- スティックのり
- はさみ、カッターナイフ
- 鉛筆削り

1 画用紙に型紙を200％で拡大コピーし、色を塗ります。画用紙にコピーできない場合は、普通紙にコピーし、スプレーのりで画用紙にはります。

2 割りばしを割り、下になる方を段ボールの舞台に立てられるように鉛筆削りで削ります。絵人形に入る部分は、はり合わせたときに紙が破れないようカッターナイフで平らに削ります。

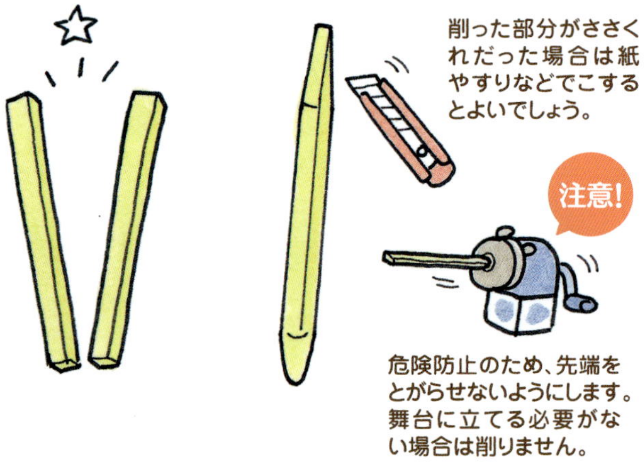
削った部分がささくれだった場合は紙やすりなどでこするとよいでしょう。
注意!
危険防止のため、先端をとがらせないようにします。舞台に立てる必要がない場合は削りません。

3 図のように①で作った裏面に、②で削った割りばしを両面テープではり、その周囲にスティックのりをぬります。このとき、手で持つ部分を約8cm残しておきます。

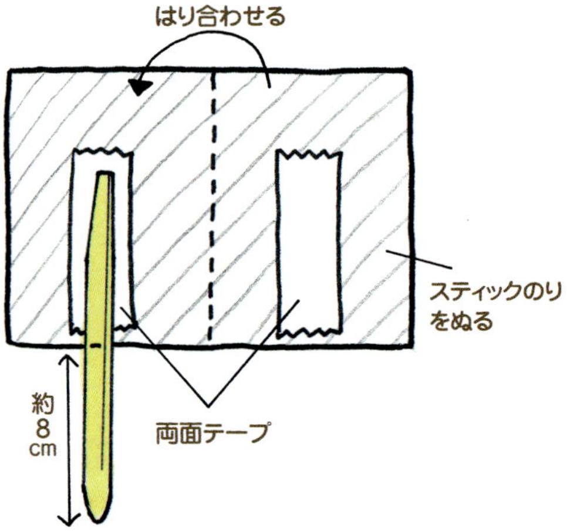
はり合わせる
スティックのりをぬる
両面テープ
約8cm

4 型紙の点線で折って表裏をはり合わせて平らにし、周囲をプラスのカーブだけで丸く切ります。このとき、裏の絵を切らないよう、光に透かして表裏を良く見ながら切りましょう。

悪い例
マイナスのカーブ

段ボール舞台の作りかた

※ここでは基本的な舞台の作りかたを紹介します。

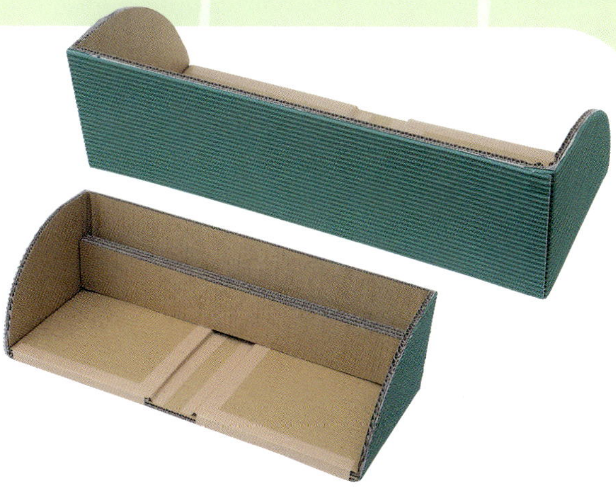

用意するもの

- 段ボール箱（約50cm×20cm以上）
- カッターナイフ
- 定規
- クラフトテープ
- 接着剤
- 色画用紙

1 段ボール箱を下から15～20cm位置で図のように切ります。

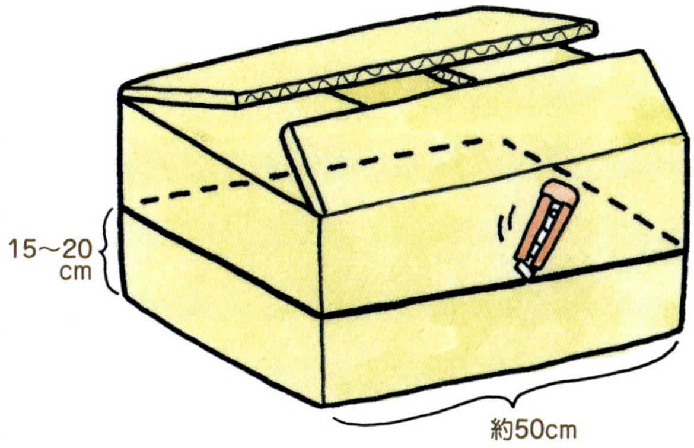
15～20cm
約50cm

2 1で切った段ボールの半分くらい（約20cm残す）を切り落とします。

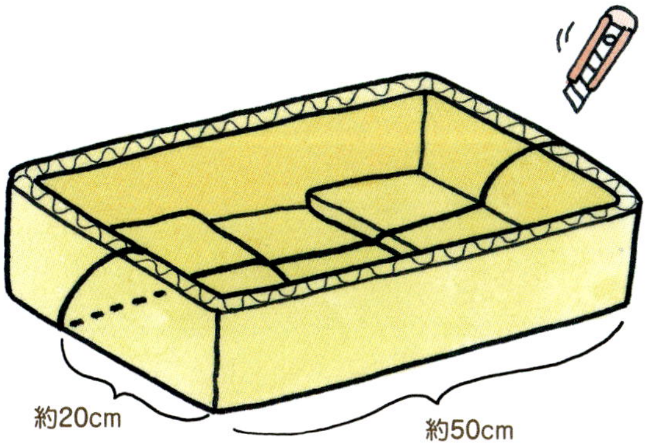
約20cm
約50cm

3 段ボールの浮いている部分をクラフトテープでとめ、舞台正面と横に色画用紙などをはります。

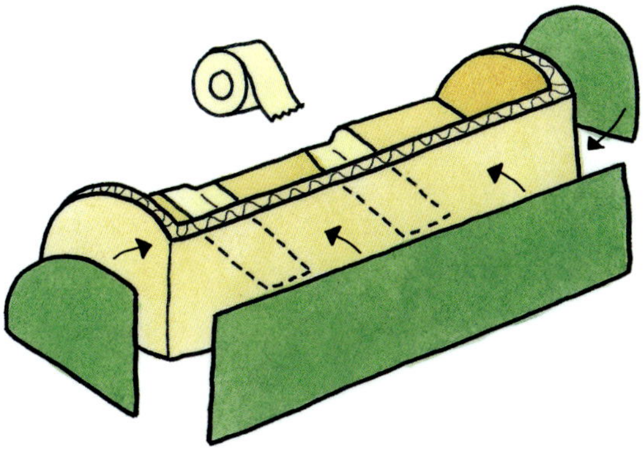

4 舞台の内側に割りばしを差す部分をクラフトテープか接着剤でつけます。割りばしを差す部分は、登場する人形の数などによって重ねる枚数や高さを段違いにするなどの工夫をしましょう。

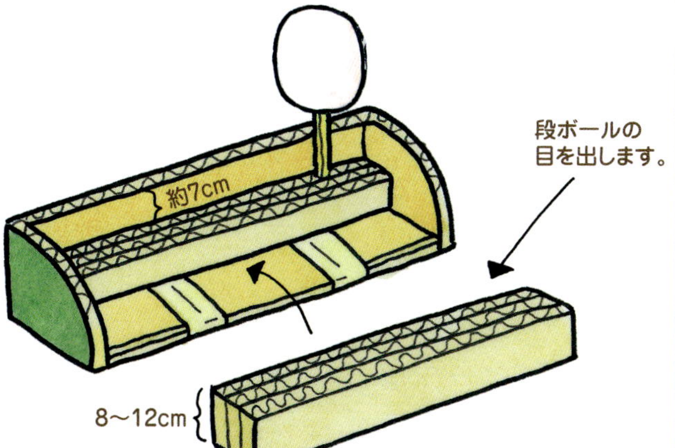
約7cm
段ボールの
目を出します。
8～12cm

切り落とした段ボールを図のように2枚接着し、舞台の内側につけます。

必ず読んでください

演じかたの基本とポイント

舞台の置きかた

演じる前に、次の項目をチェックしておきましょう。

CHECK 1

舞台の高さ

舞台は子どもたちの目線の高さを考えて、見やすい高さに設定します。

CHECK 2

舞台の位置

舞台をテーブルにのせる場合は、手前に絵人形を置くスペースをとっておきましょう。

CHECK 3

絵人形の順番

おはなしの内容に合わせて、登場させる位置に順番をそろえて置いておきましょう。

CHECK 4

舞台の使い方

子どもたちから見て、右側が上手《かみて》、左側が下手《しもて》になります。絵人形を登場させたり、退場させたりする場合は、原則として舞台の端から端まで使います。また、風景画や動きの止まった絵人形は、あなに立てます。

絵人形の動かしかた

絵人形の持ちかた

親指と人差し指、中指で操作します。

表裏の転画

親指で持ち手を半回転させると裏面が出ます。逆に回転させると元の絵になります。このすばやい転画がペープサートの特色です。

歩行

絵人形の串の下部①を前方②に移動させ、続けて絵人形の上部③を前方④へ移動させます。これを連続的に行うと、歩いているように演じられます。

悪い例

絵人形の上部だけ振っても、歩いているようには見えません。

直角回転

舞台の中央で絵人形を入れ替える場合に使う回転方法です。入れ替えたい絵人形を舞台裏で図のように直角に持ち、90 度回転させて入れ替えます。

会話

2つの絵人形をそれぞれ両手に持ち、会話をしているように演じる場合は、話しかける方だけを少し動かし、聞く方は動かしません。

悪い例

両方を動かしてしまうと、子どもたちはどちらが話しているかわからなくなります。

登場・退場

基本的に、絵人形は舞台の端からスーッと出し入れします。舞台の途中位置からの登場・退場は例外的にしましょう。

発展とアレンジ

遊ぼう 遊ぼう もひとつ遊ぼう!!

ここでは、ペープサートをさらにひと工夫した遊びの発展やアレンジするコツを紹介します。
保育の参考にしてください。

壁面飾りに「かたつむり」

p8~9

「かたつむり」の絵人形を、折り紙などで作ったアジサイの花と一緒に飾れば、そのまま壁面飾りとしても使えます。ステキなおうちができて、かたつむりの親子は大喜び。

遊びかた

1 アジサイの花や葉っぱを作って壁面に飾りましょう。かたつむりの絵人形をアジサイの花の間に飾れば、楽しい壁面飾りになります。

2 飾面を見ながら歌っても、はずして歌っても楽しめます。

みんなで作った「なんになるの？」

p10~11

クラスのみんなでオリジナル作品を作りましょう。好きな色で作った「なんになるの？」のクイズ大会。どんどん当ててください！

遊びかた

1 子どもたちが好きな色紙を選んで、絵をかきます。

2 オリジナルの絵人形を持ってクイズ大会をしましょう。ヒントも自分たちで考えます。

歌って遊ぼう「あめふりくまのこ」

p 12〜15

舞台はなくても、子どもたちが手に持っただけで絵人形が生き生きとしてきます。楽しく歌えますよ。

※この場合、持ち手の先は削らず、長さは子どもの手に収まるくらいに調節しておきます。

遊びかた

1. ペープサートの絵人形を2〜4人くらいに持たせ、歌詞に合わせて動かしながら歌います。
2. 毎日、交替で動かしながら歌うと楽しいでしょう。

年少さんクラスへ「いない いない ばあ」

p 16〜19

異年齢が交流する会などで、年長児の作った絵人形を使って、年少さんにやってあげたら楽しいですよ!

遊びかた

1. 年少児との交流会でみんなでやろうと声かけをします。
2. 子どもたち（年長児）が色を塗り、うちわにはって作ります。
3. 練習をして会に臨みます。

「おでん でんでん」これが好き!

p 20〜25

大好きなおでんをかいて、みんなで見せ合いっこしてみましょう。おうちのかたへプレゼントにしてもいいかもしれません。

遊びかた

1. おでんの具にはどんなのがあるか、ペープサートの絵人形を見ながら話し合ってみましょう。
2. 紙皿のように丸く切った画用紙に食べたい具をかきます。

○○先生「しりとりクイズ」 p 26〜34

先生の名前から始まるしりとりクイズを考えてみましょう。
子どもたちのオリジナルペープサートもできますよ。

遊びかた

1 自分の名前の最後の文字から始まるしりとりクイズを巻き込みペープサートに作ります

2 たとえば「雪組れいこ」先生の場合、
♪ゆきぐみ　れいこせんせいの　しりとりクイズだよ
♪れいこ　ここここ　つめたい「こ」　なあに…

自分が登場！「大きなかぶ」 p 36〜41

孫のももちゃんに替えて、子どもたちを登場させます。
これなら毎日リクエストがくるかもしれませんね。

遊びかた

1 絵人形の大きさの紙を用意して、手をのばしたポーズの自分の絵を子どもたちがかきます。

2 実演のたびに孫役をクラスの子どもに替えてお話します。

「三びきのやぎのがらがらどん」をクラス発表会に！ p 42〜48

少し大きくしたペープサートで、クラス発表会を計画してみましょう。誕生会などで演じても楽しいでしょう。

遊びかた

1 絵人形は子どもたちがかきます。
ペープサートのグループは、
4〜8人くらいがよいでしょう。

2 机や段ボールなど身近なものを利用して行います。

コピーして色をぬるだけ！

ペープサートの型紙

型紙は縮小されています。
すべて200%に拡大コピーしてください。

基本の作りかた（p.50～51参照）以外の場合は、
型紙ページに作りかたを掲載しています。

紙は画用紙など、少し厚めの用紙がよいでしょう。
ただし、「しりとりクイズ」（p.26～34）の場合はケント紙などの上質紙がよいでしょう。

・P8〜9 かたつむり型紙

型紙は200%に拡大コピーしてご使用ください。

＜かたつむりのお母さん＞

⬆ かたつむりのお母さん【表】

かたつむりのお母さん【裏】

作りかた

かたつむりのお母さん

1. 段ボールの目を縦にして、かたつむりの形にカッターで切る。

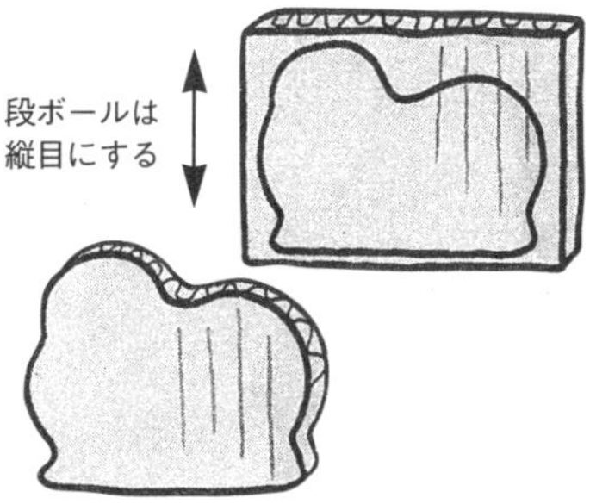
段ボールは
縦目にする

2. 段ボールに、全芯ソフト色鉛筆などで着色したかたつむりを表裏にはる。

3. 先を削った割りばしをかたつむりの下から中心に差し込む。

割りばしの
先を削る

• P8〜9 かたつむり型紙 ＜5つ子のかたつむり＞

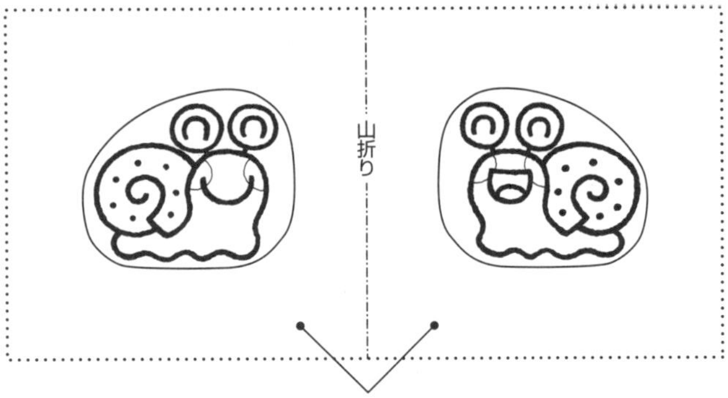

山折り
はり合わせる

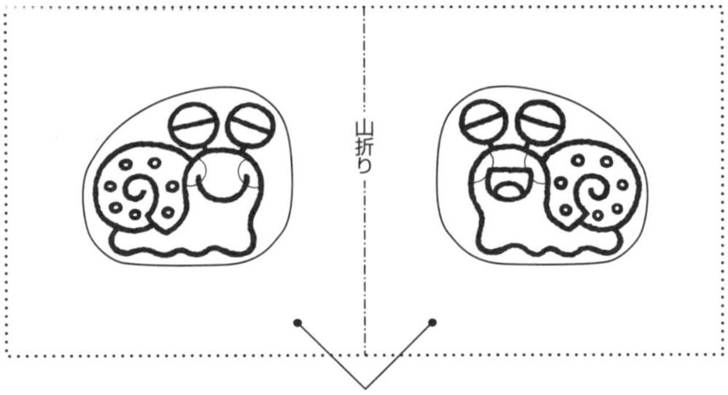

山折り
はり合わせる

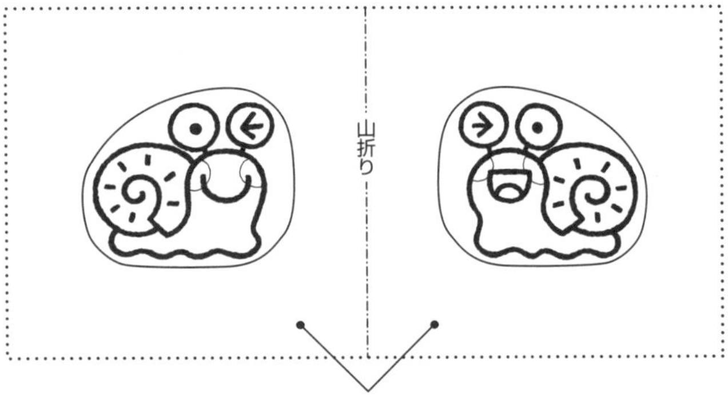

山折り
はり合わせる

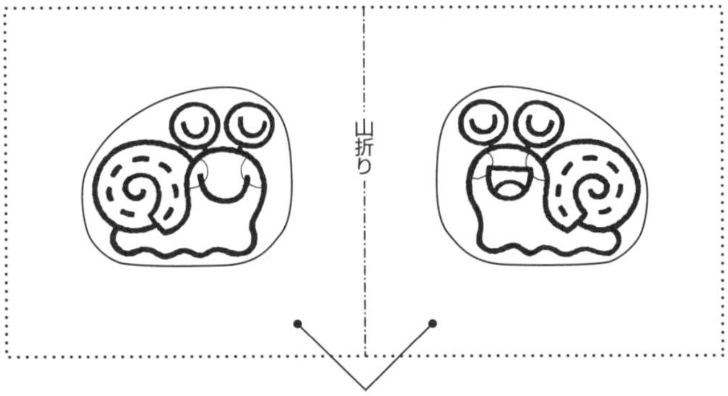

山折り
はり合わせる

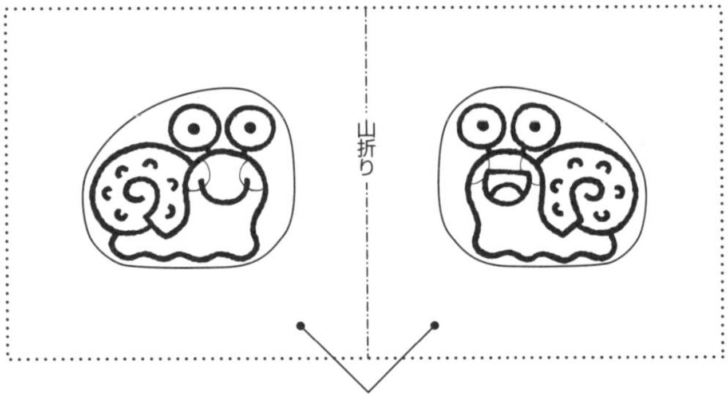

山折り
はり合わせる

• 作りかた

5つ子のかたつむり

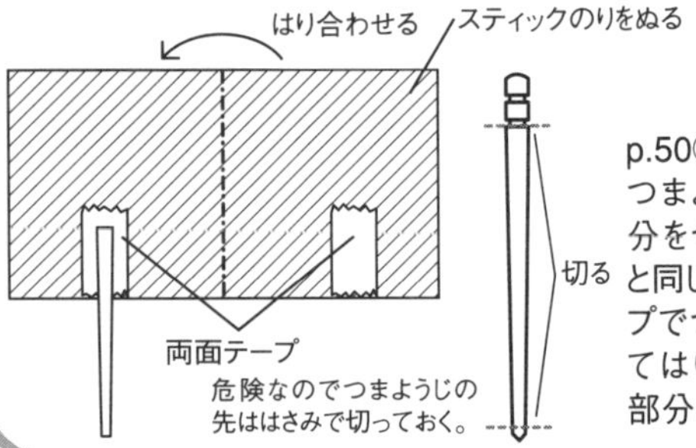

はり合わせる
スティックのりをぬる
両面テープ
危険なのでつまようじの
先ははさみで切っておく。
切る

p.50①が終わったら、つまようじの頭の部分を切り、同③〜④と同じように両面テープでつまようじをつけてはり合わせ、余白部分を切る。

5つ子のかたつむりの台座

約20cmの段ボールを2枚はり合わせ割りばしの先の部分を鉛筆削りで削り、段ボールに差し込む。

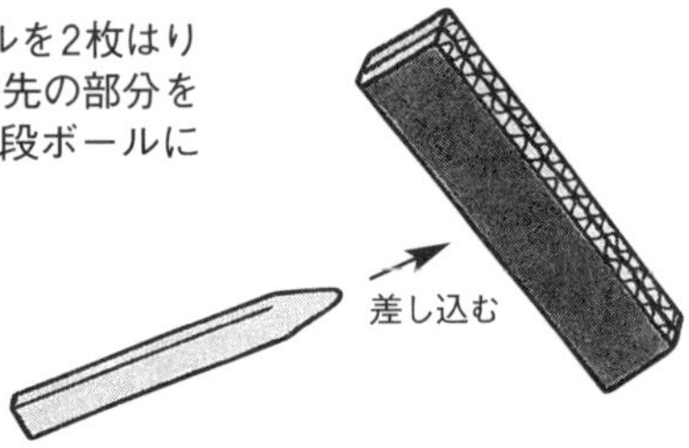

差し込む

• P10～11　なんになるの？　型紙

型紙は200％に拡大コピーしてご使用ください。

赤

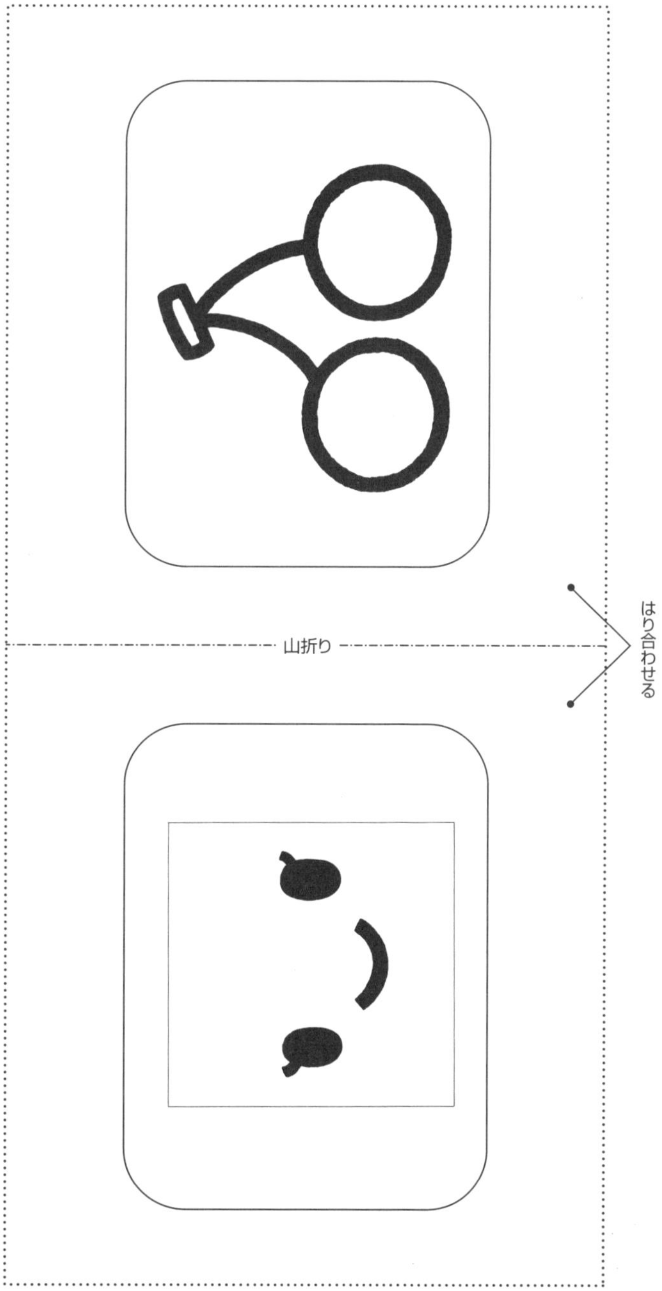

• P10～11

なんになるの？ 型紙

きいろ

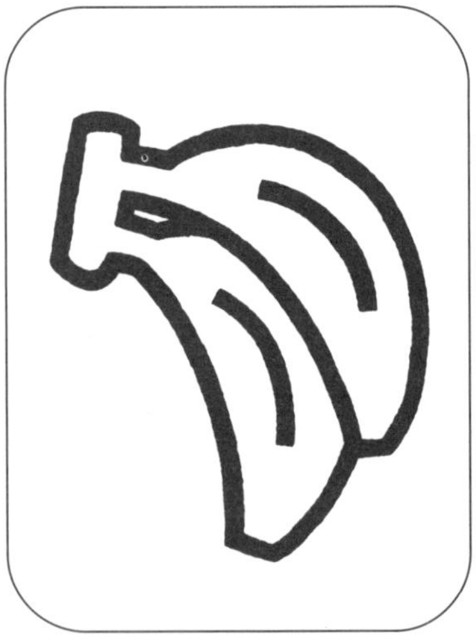

山折り

はり合わせる

みどり

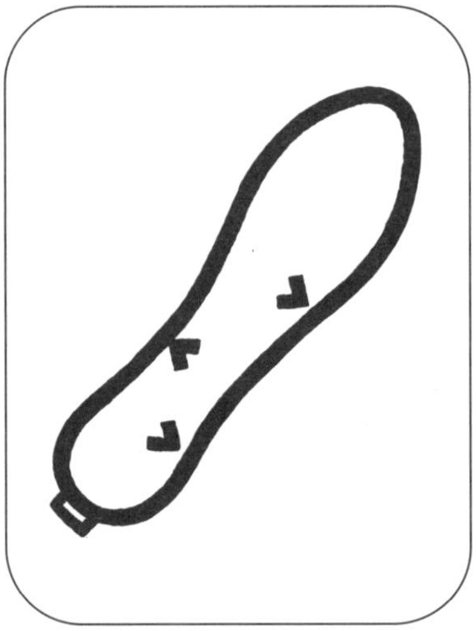

山折り

むらさき

山折り

はり合わせる

ピンク

山折り

P10〜11 なんになるの？ 型紙

きみどり

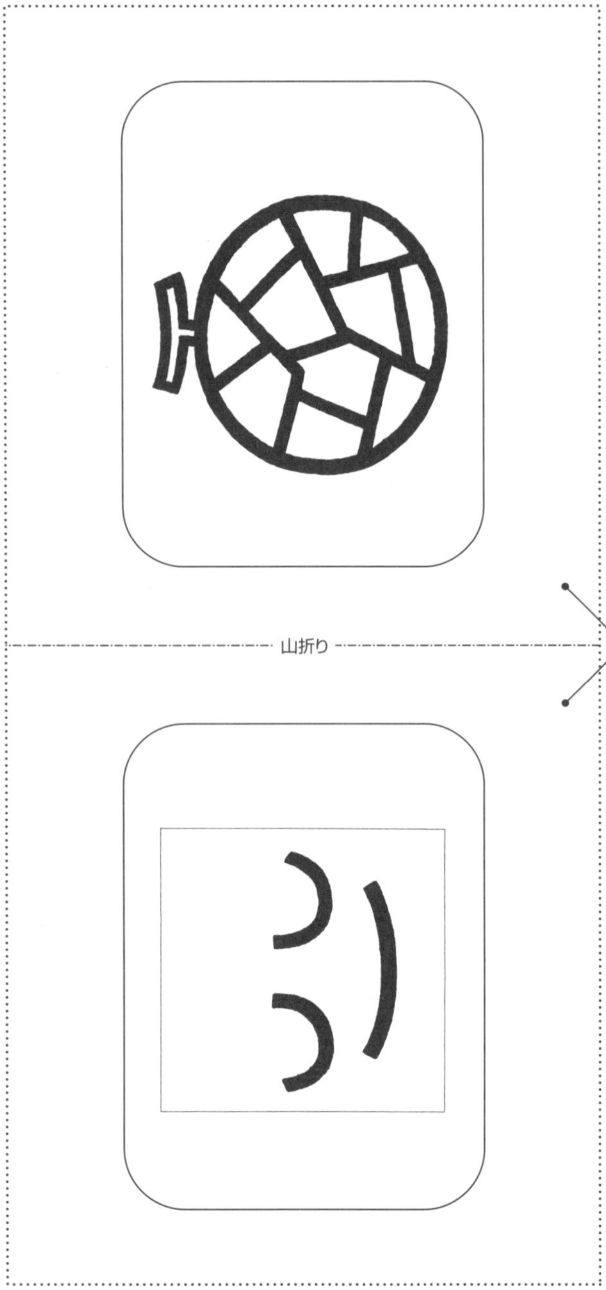

はり合わせる

オレンジ

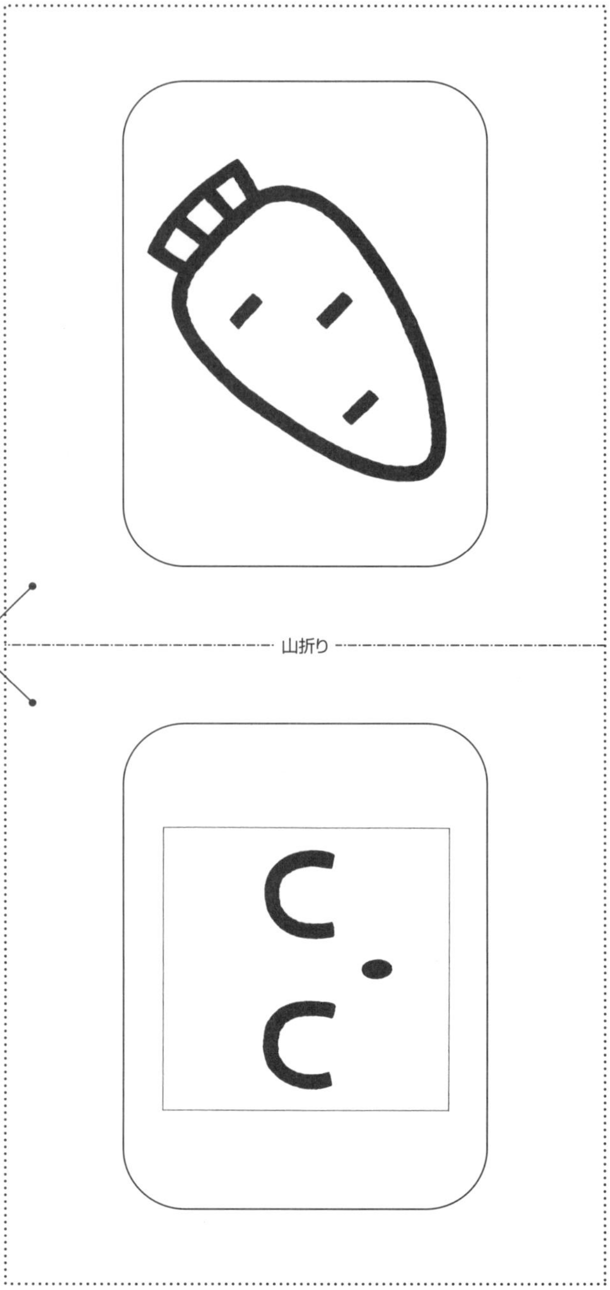

白

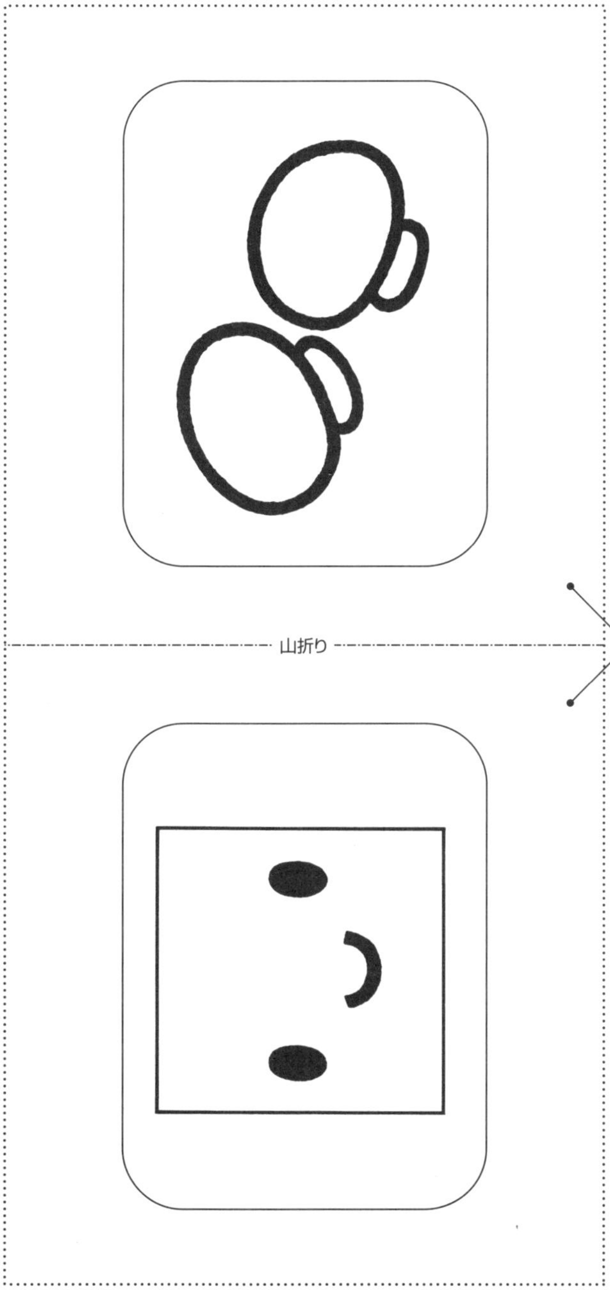

はり合わせる

茶

• P12〜13 あめふりくまのこ型紙

型紙は200%に拡大コピーしてご使用ください。

くまのこ1【表】

はり合わせる

くまのこ1【裏】

山折り

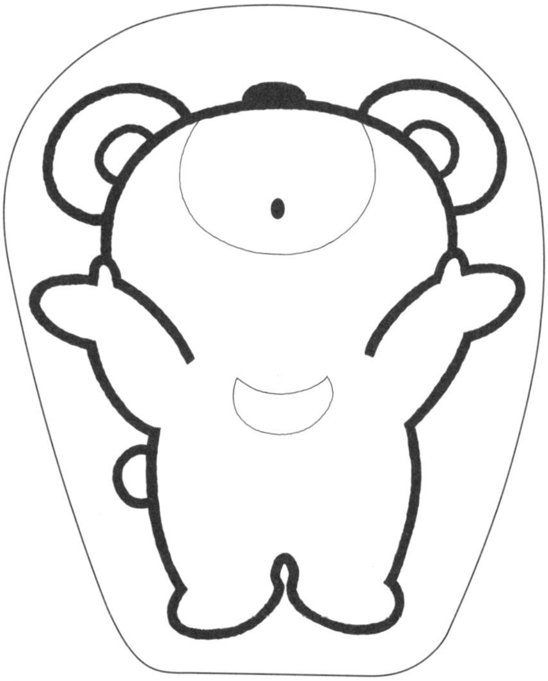

山折り

くまのこ2【表】

はり合わせる

くまのこ2【裏】

山【表】

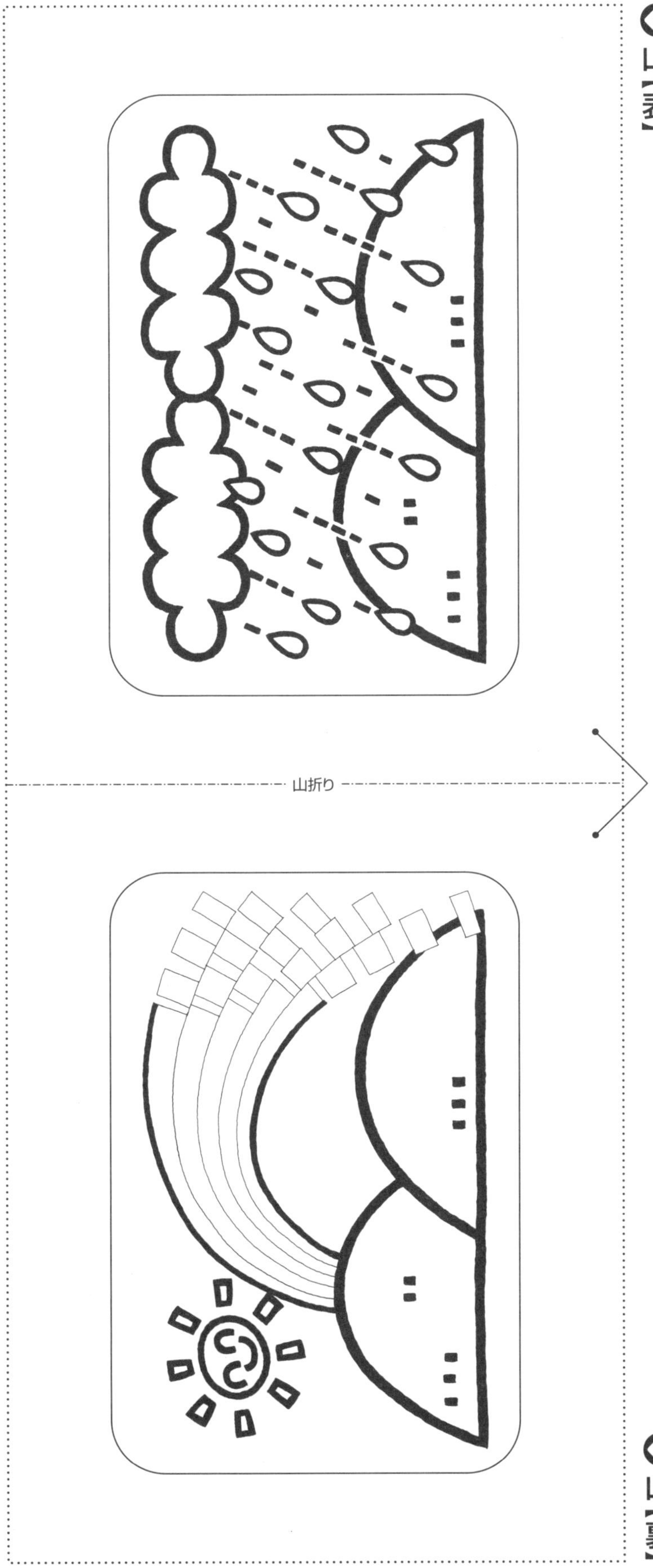

山【裏】

小川（裏は白い紙をはる）

作りかた

小川

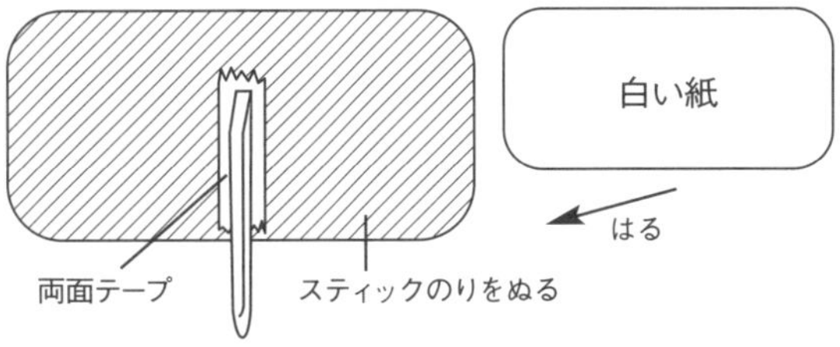

型紙を200％に拡大して着色したら、図のように削った割りばしを両面テープでつけ、裏面にスティックのりで白い紙をはり合わせる。

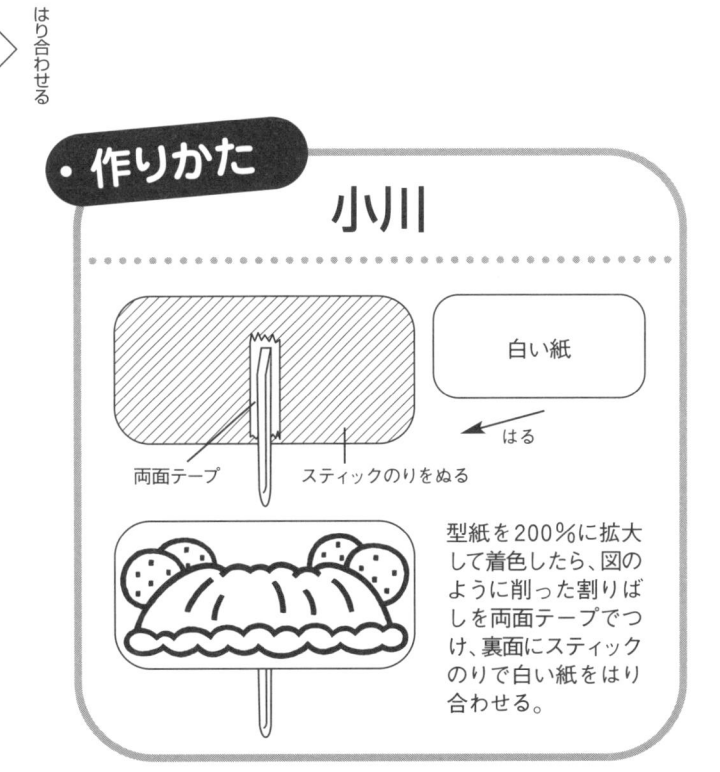

• P16〜19 いないいないばあ型紙

型紙は200%に拡大コピーしてご使用ください。

うさぎ【表】

表裏
はり合わせ

うさぎ【裏】

• 作りかた

1 うちわを用意する。

2 型紙を必要な大きさにコピーする。

きつね【表】

表裏
はり合わせ

きつね【裏】

3 マーカーや全芯ソフト色鉛筆などで着色する。

マーカー
全芯ソフト
色鉛筆

4 うちわ全面にスティックのりを塗り、絵柄がずれないように透かしながら表と裏にはる。

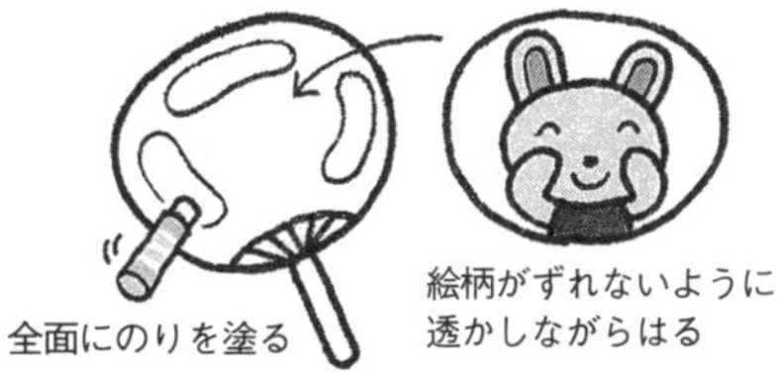
全面にのりを塗る
絵柄がずれないように
透かしながらはる

• P16〜19　いないいないばあ型紙

りす【表】

表裏
はり合わせ

りす【裏】

くま【表】

表裏
はり合わせ

くま【裏】

P16〜19

いないいないばあ型紙

パンダ【表】

表裏
はり合わせ

パンダ【裏】

• P20～25 おでん でんでん型紙

型紙は200％に拡大コピーしてご使用ください。

糸こんにゃく

こんにゃく

ジャガイモ

• 作りかた

おでんの具

❶ 型紙を必要な大きさにコピーし、色を塗って切り抜く。

❷ ❶で切り抜いた物をスティックのりで段ボールにはり、切り抜く。

＊段ボールにはしを差して使用しますので、必ず絵人形の下辺に対して、段ボールの目が垂直になるようにしましょう。

❸ 段ボールに差しやすくするために、割りばしの両端を鉛筆けずりなどで削る。

＊削った部分がささくれだってしまった場合は、紙やすりなどでこすると簡単に滑らかになり、安全です。
＊割りばしの長さに変化をつけると、たくさんの絵人形を1度になべに並べて立てることができます。

注意！ ＊遊ぶときに危険なので、とがらない程度に削りましょう。

❹ 絵人形に、割りばしを差したらできあがり。

• P20～25 おでん でんでん型紙

↓ タコ

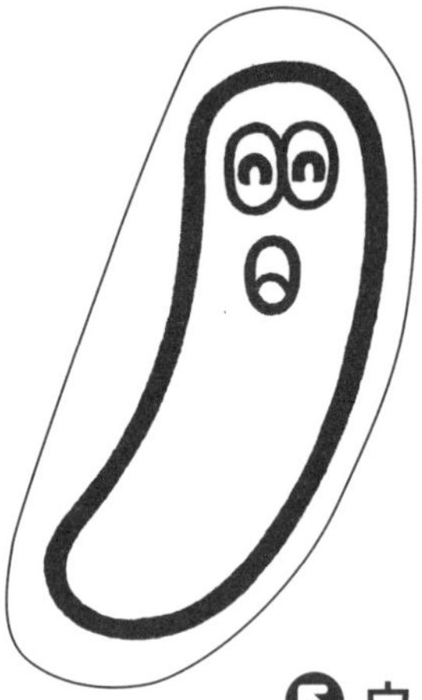

↖ ウインナ ↗

肉だんご →

↑ はんぺん

↑ ちくわ

牛スジ →

↑ ダイコン

厚揚げ

昆布

ロールキャベツ

きんちゃく

たまご

おでん でんでん型紙

なべ

• 作りかた

なべステージ

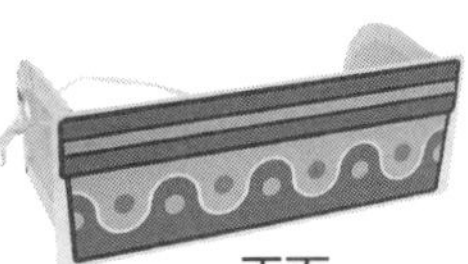

正面

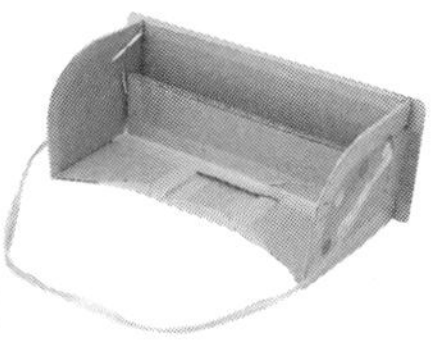

裏面

1. 段ボール箱を用意し、イラストのように切る。

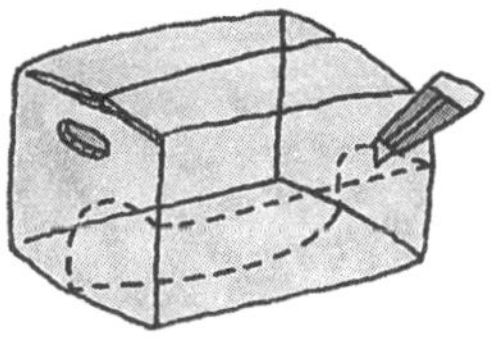

2. たくさんの絵人形が立てられるように、段差を作る。

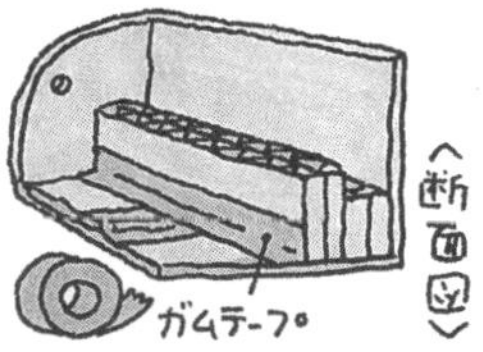

3. なべの型紙をコピーして、厚紙にはる。よく乾いたら、色画用紙をはったりマーカーで色を塗るなどしカラフルにしあげる。

＊なべのイラストは、はりつける段ボールの面よりも少し大きめに作ると、よりなべらしく見えます。

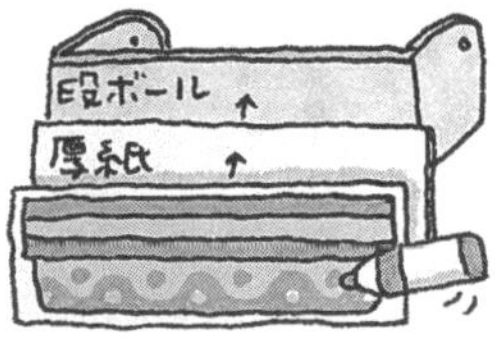

4. なべを段ボールにはり、ステージの下辺が腰のあたりにくるようにひもをつける。

＊腕の動かしやすさなども考慮して、ひもの長さを調節しましょう。

● P26～34　こんちゃんぽんちゃんしりとりクイズ型紙

型紙は200%に拡大コピーしてご使用ください。

こんちゃん【表】　　はり合わせる　　こんちゃん【裏】

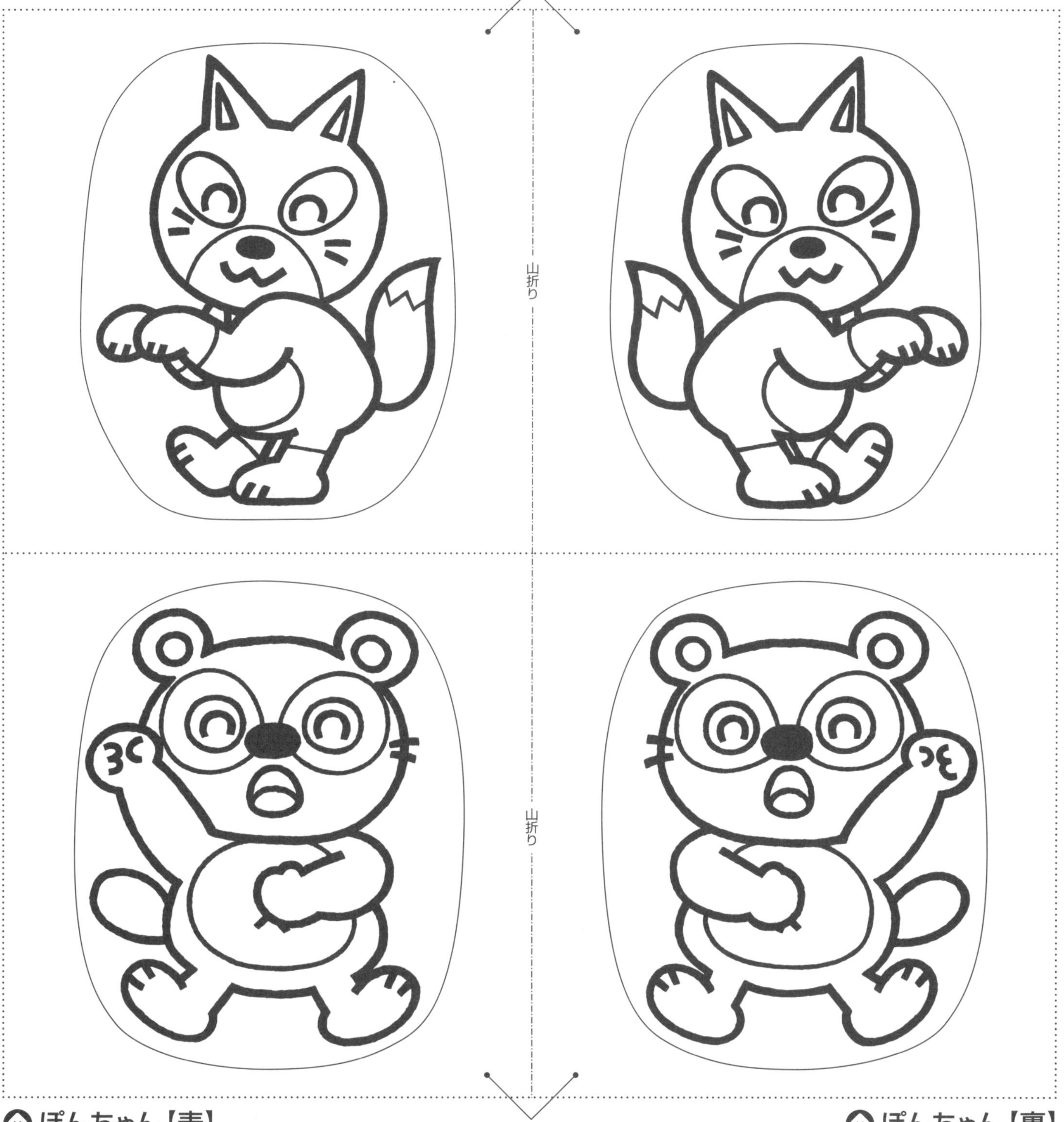

ぽんちゃん【表】　　はり合わせる　　ぽんちゃん【裏】

• P26〜34 こんちゃん ぽんちゃん しりとりクイズ型紙

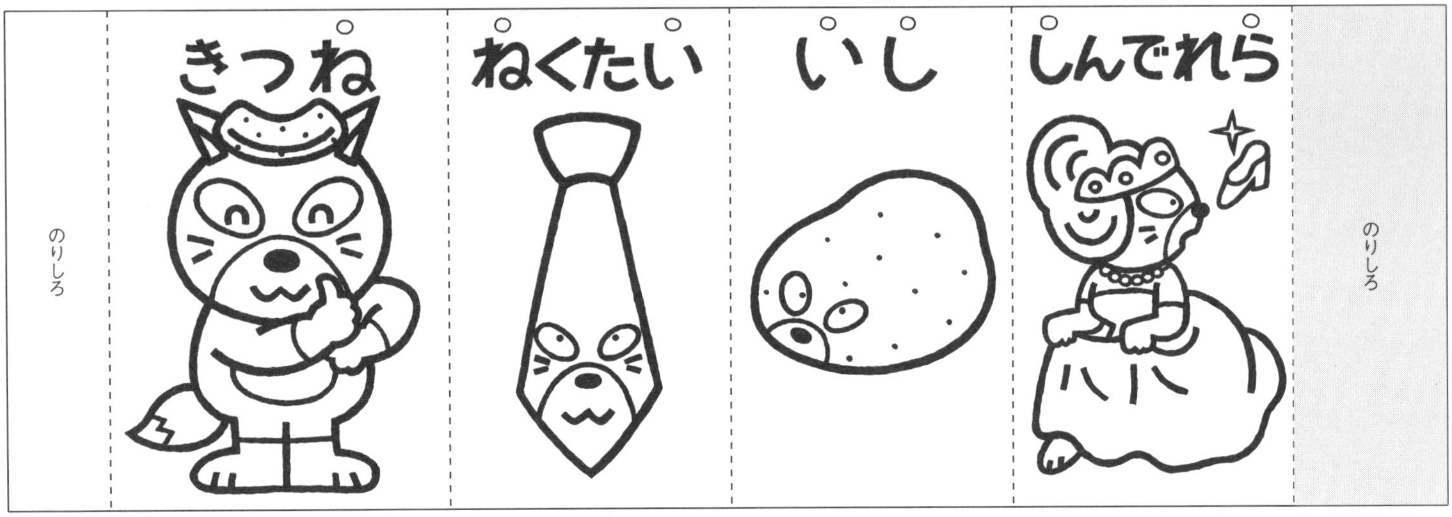
のりしろ
きつね
ねくたい
いし
しんでれら
のりしろ

□の部分を次の文字に重ね、つなげてご利用ください。

らっぱ
ぱんつ
うき
きんぎょ
ようかん
のりしろ

＊P78・79のペープサートの型紙は、紙の厚みを考慮して、右側にいくほど少しずつ小さくなるようにしてあります。

• 作りかた

巻き絵人形

1 型紙をケント紙にはる。

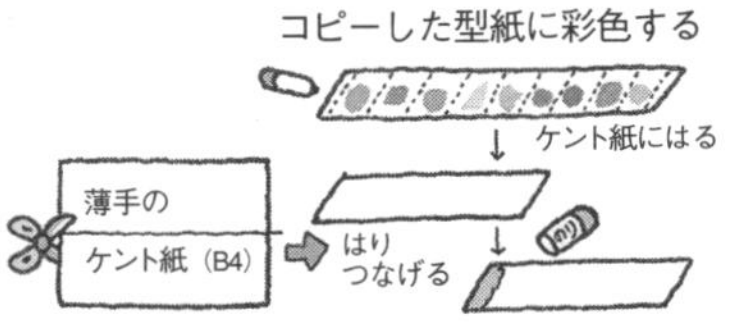
コピーした型紙に彩色する
ケント紙にはる
薄手の
ケント紙（B4）
はり
つなげる

2 小さい方から山折りで巻きすすめて折りぐせをつける。

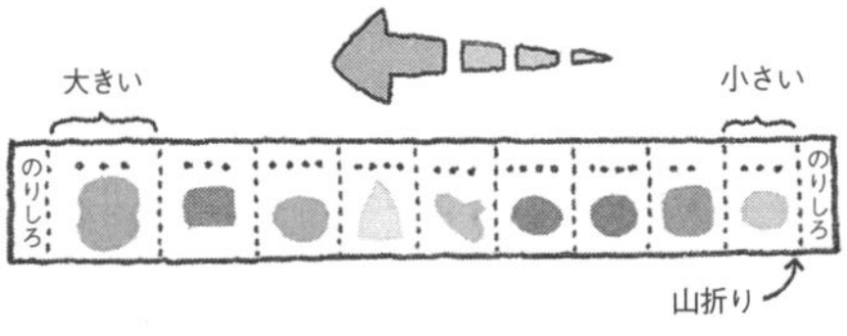
大きい
小さい
のりしろ
のりしろ
山折り

3 割りばしを両面テープで両サイドにそれぞれ巻きつけてはる。

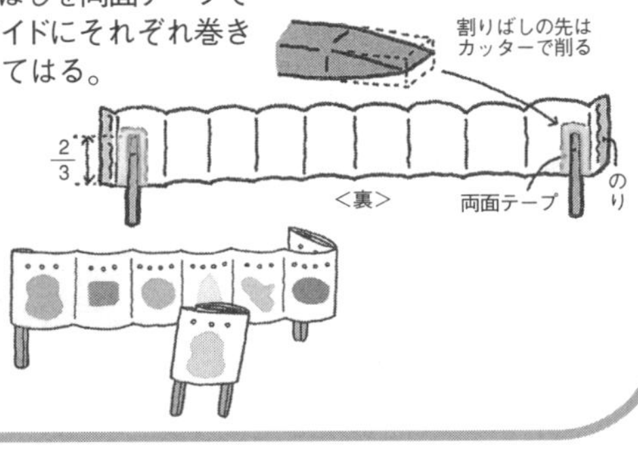
割りばしの先は
カッターで削る
2/3
＜裏＞
両面テープ
のり

のりしろ

たぬき

きって

てぶくろ

ろけっと

のりしろ

の部分を次の文字に重ね、つなげてご利用ください。

とんぼ

ぼたもち

ちきゅう

うみ

みかん

のりしろ

● P36～41 大きなかぶ型紙

型紙は200％に拡大コピーしてご使用ください。

大きなかぶ1

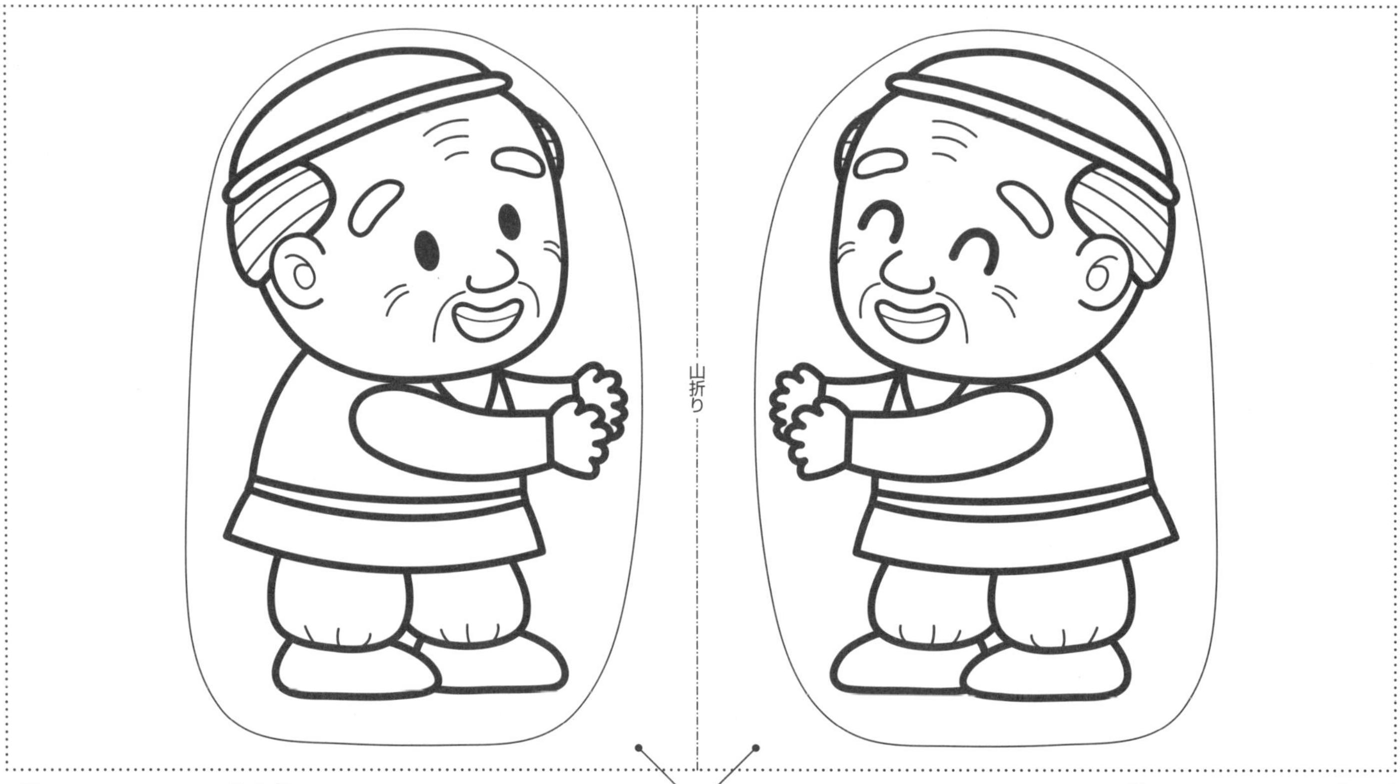

おじいさん【表】

はり合わせる

おじいさん【裏】

おばあさん【表】

はり合わせる

おばあさん【裏】

はり合わせる

ももちゃん【表】

ももちゃん【裏】

大きなかぶ型紙

イヌのゴロー
（裏は白い紙をはる）

ネズミのチュー
（裏は白い紙をはる）

ネコのミィ
（裏は白い紙をはる）

• 作りかた

大きなかぶ1

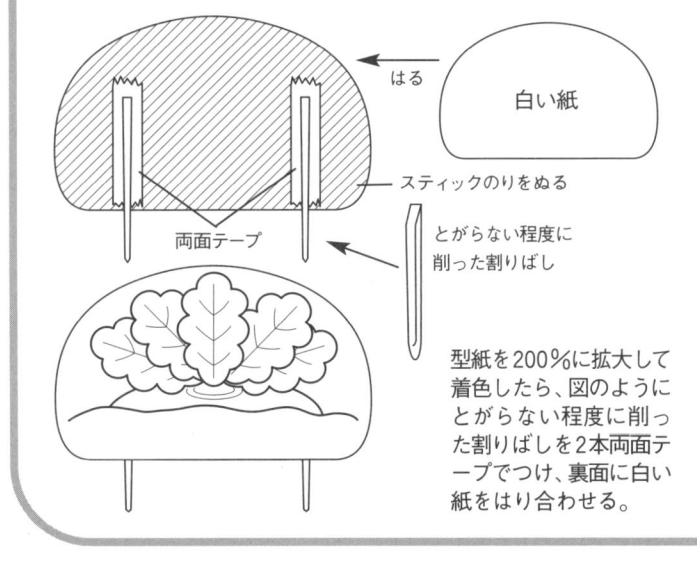

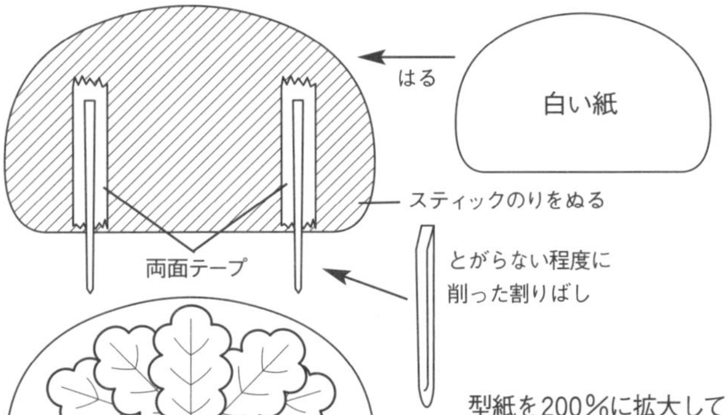
はる
白い紙
スティックのりをぬる
両面テープ
とがらない程度に
削った割りばし

型紙を200％に拡大して着色したら、図のようにとがらない程度に削った割りばしを2本両面テープでつけ、裏面に白い紙をはり合わせる。

動物たち

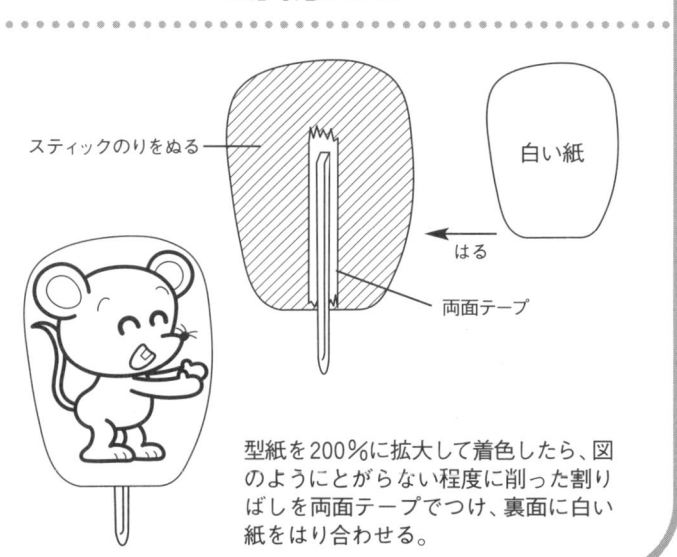

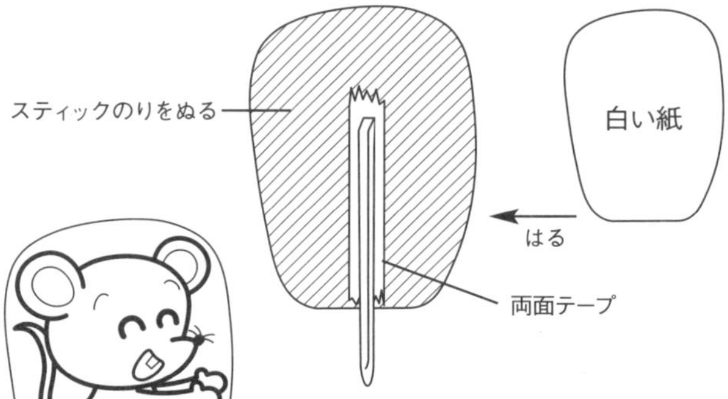
スティックのりをぬる
白い紙
はる
両面テープ

型紙を200％に拡大して着色したら、図のようにとがらない程度に削った割りばしを両面テープでつけ、裏面に白い紙をはり合わせる。

はり合わせる

山折り

➔大きなかぶ2【表】

➔大きなかぶ2【裏】

• P42～48 三びきのやぎのがらがらどん型紙

型紙は200％に拡大コピーしてご使用ください。

大きなやぎ【表】

大きなやぎ【裏】

山折り

はり合わせる

中くらいのやぎ【表】

中くらいのやぎ【裏】

山折り

はり合わせる

小さなやぎ【表】

小さなやぎ【裏】

山折り

トロル【表】

はり合わせる

トロル【裏】

山折り

山折り

太ったやぎ【表】

はり合わせる

太ったやぎ【裏】

舞台【表】

舞台裏面背景

作りかた

舞台

1. 段ボールを図のサイズに切る。
2. 表面と裏面に、型紙に合わせて切った画用紙をはって背景を作る。

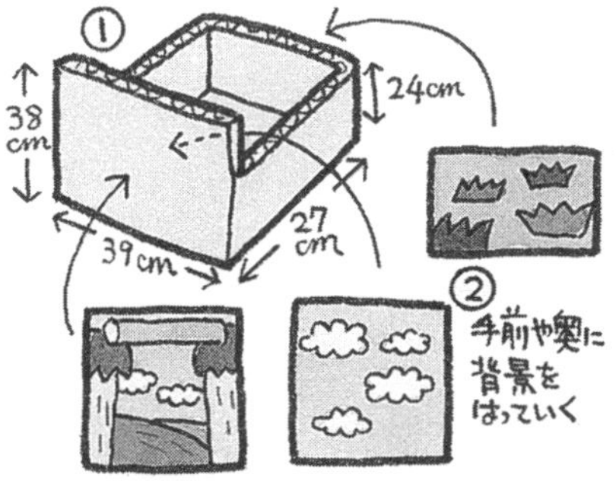

3. クラフトテープで、裏面の舞台を使うときに人形を立てる場所を設置する。

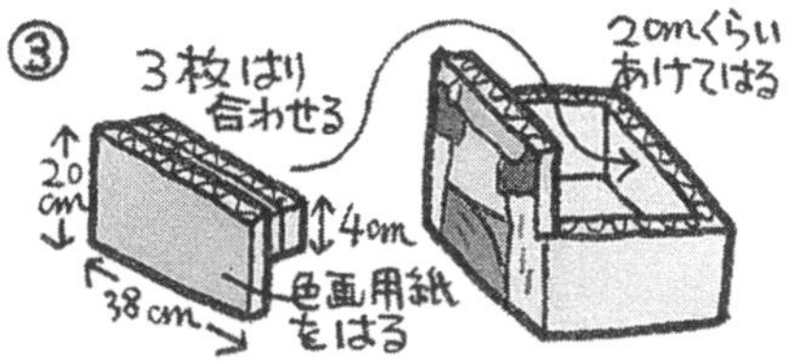

阿部　恵（あべ　めぐむ）

道灌山学園保育福祉専門学校保育部長
道灌山幼稚園主事

保育の現場と保育者の育成に長年携わる。豊富な経験をいかした創作活動にも精力的で、ペープサート・パネルシアター・童話・絵本・紙芝居などの、明るく楽しい作品作りと実演には定評がある。『ラクラクかんたん パネルシアター』『ラクラクかんたん パネルシアター2』『パネルシアター　どうぞのいす』『0・1・2歳児がよろこぶ　かわいいペープサート』（すべてチャイルド本社）ほか、著書多数。

カバーイラスト／宇田川幸子
本文イラスト／宇田川幸子、加藤直美
絵人形製作／楢原美加子、宇田川幸子、小島みはる
表紙・本文デザイン／有限会社ZAPP!
型紙トレース／プレインワークス
楽譜版下／クラフトーン
撮影／中村俊二
モデル／工藤真紀子、永山暖子、眞船優子、佐々木陽香、菅原聡美
編集協力／株式会社スリーシーズン

ラクラク　かんたん　ペープサート

2006年10月　初版第1刷発行
2015年 2月　　　第7刷発行
著　者／阿部　恵　©MEGUMU ABE 2006
発行人／浅香俊二
発行所／株式会社チャイルド本社
〒112-8512　東京都文京区小石川5-24-21
☎03-3813-3781　振替／00100-4-38410
印刷所／共同印刷株式会社
製本所／一色製本株式会社
日本音楽著作権協会（出）許諾第0610673-407号